OEUVRES

COMPLETES

D'HELVÉTIUS.

TOME DOUZIEME.

A PARIS,

DE L'IMPRIMERIE DE P. DIDOT L'AÎNÉ.

L'AN IIIᵉ DE LA RÉPUBLIQUE.

1795.

OEUVRES

COMPLETES

D'HELVÉTIUS.

TOME DOUZIEME.

DE L'HOMME,

DE

SES FACULTÉS

INTELLECTUELLES,

ET DE

SON ÉDUCATION.

Honteux de m'ignorer,
Dans mon être, dans moi, je cherche à pénétrer.

VOLTAIRE, Disc. 6
de la nature de l'Homme.

DE L'HOMME,

DE SES FACULTÉS INTEL-LECTUELLES, ET DE SON ÉDUCATION.

SUITE

DE LA SECTION IX.

De la possibilité d'indiquer un bon plan de législation, et des différents obstacles qui s'opposent souvent à sa publication.

CHAPITRE XX.

L'intérêt fait honorer le vice dans un protecteur.

Un homme attend-il sa fortune et sa considération d'un grand sans mérite?

il devient son panégyriste. L'homme jusqu'alors honnête cesse de l'être : il change de mœurs et pour ainsi dire d'état ; il descend de la condition de citoyen libre à celle d'esclave : son intérêt se sépare en cet instant de l'intérêt public. Uniquement occupé de son maître et de la fortune de ce protecteur, tout moyen de l'accroître lui paroît légitime. Ce maître commet-il des injustices, opprime-t-il ses concitoyens, s'en plaignent-ils ? ils ont tort. Les prêtres de Jupiter ne faisoient-ils pas adorer en lui le parricide qui les faisoit vivre ?

Qu'est-ce que le protégé exige du protecteur ? puissance, et non mérite. Qu'est-ce qu'à son tour le protecteur exige du protégé ? bassesse, dévouement, et non vertu. C'est en qualité de dévoué que le protégé est élevé aux premiers postes. S'il est des instants où le mérite seul y monte, c'est dans les temps orageux où la nécessité l'y appelle : si, dans les guerres civiles, tous les emplois importants sont confiés aux talents, c'est que le puissant de chaque parti, fortement intéressé à la destruction du parti contraire, est forcé de sacrifier à sa sûreté et son envie et ses autres passions. Cet intérêt pressant l'éclaire alors sur le mérite de ceux qu'il emploie : mais le danger passé, la paix et la tranquillité rétablies, ce même puissant, indifférent au vice ou à la vertu, aux talents ou à la sottise, ne les distingue plus. Le mérite tombe dans l'avilissement, la vérité dans le mépris.

CHAPITRE XXI.

L'intérêt du puissant commande plus impérieusement que la vérité aux opinions générales.

L'on vante sans cesse la puissance de la vérité, et cependant cette puissance tant vantée est stérile, si l'intérêt du prince ne la seconde. Que de vérités, encore enterrées dans les ouvrages des Gordon, des Sidney, des Machiavel, n'en seront retirées que par la volonté efficace d'un souverain éclairé et vertueux !

L'opinion, dit-on, est la reine du monde. Il est des instants où sans doute l'opinion générale commande aux souverains eux-mêmes. Mais qu'est-ce que ce fait a de commun avec le pouvoir de la vérité ? prouve-t-il

que l'opinion générale en soit la pro-
duction ? Non ; l'expérience nous démontre au contraire que presque toutes
les questions de la morale et de la
politique sont résolues par le fort et
non par le raisonnable, et que, si
l'opinion régit le monde, c'est à la
longue le puissant qui régit l'opinion.

Quiconque distribue les honneurs,
les richesses et les châtiments, s'attache toujours un grand nombre d'hommes. Cette distribution lui asservit
les esprits, lui donne l'empire sur les
ames.

Quelles sont les opinions le plus
généralement répandues ? ce sont sans
contredit les opinions religieuses. Or,
ce n'est ni la raison, ni la vérité, mais
la violence, qui les établit (16). Mahomet veut persuader son Koran, il
s'arme, il flatte, il effraie les imagi-

nations : les peuples sont par la crainte
et l'espérance intéressés à recevoir sa
loi; et les visions du prophete deviennent bientôt l'opinion de la moitié de
l'univers.

Mais les progrès de la vérité ne
sont-ils pas plus rapides que ceux de
l'erreur? Oui, lorsque l'une et l'autre
sont également promulguées par la
puissance. La vérité par elle-même
est claire ; elle saisit tout bon esprit.
L'erreur, au contraire, toujours obscure, toujours retirée dans le nuage
de l'incompréhensible, y devient le
mépris du bon sens. Mais que peut
le bon sens sans la force? C'est la violence, la fourberie, le hasard, qui,
plus que la raison et la vérité, ont
toujours présidé à la formation des
opinions générales.

CHAPITRE XXII.

Un intérêt secret cacha toujours aux parlements la conformité de la morale des jésuites et du papisme.

LES parlements ont à-la-fois condamné la morale des jésuites, et respecté celle du papisme : cependant la conformité de ces deux morales est sensible. La protection accordée aux jésuites, et par le pape, et par la plupart des évêques catholiques (17), rend cette conformité frappante. On sait que l'église papiste approuva toujours dans les ouvrages de ces religieux des maximes aussi favorables aux prétentions de Rome, que défavorables à celles de tout gouvernement; que le clergé à cet égard fut leur complice.

La morale des jésuites est néanmoins la seule condamnée. Les parlements se taisent sur celle de l'église : pourquoi? c'est qu'ils craignent de se compromettre avec un coupable trop puissant.

Ils sentent confusément que leur crédit n'est point proportionné à cette entreprise ; qu'à peine il a suffi pour contrebalancer celui des jésuites. Leur intérêt en conséquence les avertit de ne pas tenter davantage, et leur ordonne d'honorer le crime dans le coupable qu'ils ne peuvent punir.

CHAPITRE XXIII.

L'intérêt fait nier journellement cette maxime : « Ne fais pas à autrui « ce que tu ne voudrois pas qu'on « te fît. »

LE prêtre catholique, persécuté par le calviniste ou le musulman, dénonce la persécution comme une infraction à la loi naturelle : ce même prêtre est-il persécuteur ? la persécution lui paroît légitime ; c'est en lui l'effet d'un saint zele, et de son amour pour le prochain. Ainsi la même action devient injuste ou légitime, selon que ce prêtre est ou bourreau ou patient.

Lit-on l'histoire des différentes sectes religieuses et chrétiennes ? tant qu'elles sont foibles, elles veulent qu'on n'emploie dans les disputes théologiques d'autres armes que celles du raisonnement (18) et de la persuasion.

Ces sectes deviennent-elles puissantes ? de persécutées, comme je l'ai déja dit, elles deviennent persécutrices. Calvin brûle Servet : le jésuite poursuit le janséniste : et le janséniste voudroit faire brûler le déiste. Dans quel labyrinthe d'erreurs et de contradictions l'intérêt ne nous égare-t-il pas ! il obscurcit en nous jusqu'à l'évidence.

Que nous présente en effet le théâtre de ce monde ? rien que les jeux divers et perpétuels de cet intérêt (19). Plus on médite ce principe, plus on y découvre d'étendue et de fécondité : c'est une carriere inépuisable d'idées fines et grandes.

CHAPITRE XXIV.

L'intérêt cache au prêtre honnête homme les maux du papisme.

Les contrées les plus religieuses sont les plus incultes. C'est dans les domaines ecclésiastiques que se manifeste la plus grande dépopulation : ces contrées sont donc les plus mal gouvernées. Dans les cantons catholiques de la Suisse regnent la disette et la stupidité; dans les cantons protestants, l'abondance et l'industrie. Le papisme est donc destructeur des empires : il est sur-tout fatal aux nations qui, puissantes par leur commerce, ont intérêt d'améliorer leurs colonies (a),

(a) Les colonies naissantes se peuplent par la tolérance ; et pour cet effet il faut

2.

d'encourager l'industrie, et de perfectionner les arts.

Mais, chez les divers peuples, qui rend l'idole papale si respectable? La coutume. Qui, chez ces mêmes peuples, défend de penser? La paresse. Elle y commande aux hommes de tous les états. C'est par paresse que le prince y voit tout avec les yeux d'autrui ; et par paresse qu'en certains cas les nations et les ministres chargent le pape de penser pour eux.

Qu'en arrive-t-il? Que le pontife en profite pour étendre son autorité et confirmer son pouvoir.

Les hommes, en général, aiment mieux croire qu'examiner ; et le clergé, en conséquence, vit toujours,

y rappeler la religion aux principes sur lesquels Jésus l'a fondée.

dans la paresse de penser, le plus ferme appui de la puissance papale.

Ne peut-on réveiller l'attention des magistrats, et les éclairer sur les dangers auxquels l'intolérant papisme exposera toujours les souverains?

CHAPITRE XXV.

Toute religion intolérante est essentiellement régicide.

Presque toute religion est intolérante; et dans toute religion l'intolérance fournit un prétexte au meurtre et à la persécution. Le trône même n'offre point d'abri contre la cruauté du sacerdoce. L'intolérance admise, le prêtre peut également poursuivre l'ennemi de Dieu sur le trône et dans la chaumiere.

L'intolérance est mere du régicide.
C'est sur son intolérance que l'église
fonda l'édifice de sa grandeur. Tous
ses membres, concoururent à cette
construction : tous crurent qu'ils seroient d'autant plus respectables et
d'autant plus heureux (20), que le
corps auquel ils appartiendroient seroit plus puissant. Les prêtres, en
tous les siecles, ne s'occuperent donc
que de l'accroissement du pouvoir
ecclésiastique (21). Par-tout le clergé
fut ambitieux, et dut l'être.

Mais l'ambition d'un corps fait-elle
nécessairement le mal public? Oui,
si ce corps ne peut la satisfaire que
par des actions contraires au bien général. Il importoit peu qu'en Grece
les Lycurgue, les Léonidas, les Ti-
moléon, qu'à Rome les Brutus, les
Émile, les Régulus, fussent ambitieux. Cette passion ne pouvoit se

manifester en eux que par des services rendus à la patrie. Il n'en est pas de même du clergé; il veut une autorité suprême. Il ne peut s'en revêtir qu'en en dépouillant les légitimes possesseurs : il doit donc faire une guerre perpétuelle et sourde à la puissance temporelle, avilir à cet effet l'autorité des princes et des magistrats, déchaîner l'intolérance, par elle ébranler les trônes, par elle abrutir les citoyens, les rendre à-la-fois pauvres, paresseux et stupides. Tous les degrés par lesquels le clergé monte au pouvoir suprême sont donc autant de malheurs publics.

En vain nieroit-on l'ambition du clergé. L'étude de l'homme la démontre à qui s'en occupe; et l'étude de l'histoire à ceux qui lisent celle de l'église. Du moment qu'elle se fut donné un chef temporel, ce chef se proposa l'humiliation des rois ; il voulut à son gré disposer de leur vie et de leur couronne. Pour exécuter ce projet, il fallut que les princes eux-mêmes concourussent à leur avilissement, que le prêtre s'insinuât dans leur confiance, se fît leur conseil, s'associât à leur autorité : il y réussit. Ce n'étoit point tout encore ; il falloit insensiblement accréditer l'opinion de la prééminence de l'autorité spirituelle sur la temporelle. A cèt effet les papes accumulerent les honneurs ecclésiastiques sur quiconque, à l'exemple des Bellarmin, soumettoit les souverains aux pontifes, et sur ce point déclaroit le doute une hérésie.

Cette opinion une fois étendue et adoptée, l'église put lancer des anathêmes, prêcher des croisades, contre les monarques rebelles à ses ordres, souffler par-tout la discorde ; elle put au nom d'un Dieu de paix, massacrer une partie de l'univers (a). Ce qu'elle put faire elle le fit. Bientôt son pouvoir égala celui des anciens prêtres celtes, qui, sous le nom de *druides*, commandoient aux Bretons, aux Gaulois, aux Scandinaves, en excommunioient les princes, et les immoloient à leur caprice et à leur intérêt. Mais, pour disposer de la vie des rois, il faut s'être soumis l'esprit des peuples. Par quel art l'église y parvint-elle?

(a) La bulle *In cœna Domini* annonce à cet égard toutes les prétentions de l'église, et l'acceptation de cette bulle toute la sottise de certains peuples.

CHAPITRE XXVI.

*Des moyens employés par l'église
pour s'asservir les nations.*

Pour être indépendant du prince,
il falloit que le clergé tînt son pouvoir
de Dieu ; il le dit, et on le crut.

Pour être obéi de préférence aux
rois, il falloit qu'on le regardât comme
inspiré par la Divinité ; il le dit, et on
le crut.

Pour se soumettre la raison humaine, il falloit que Dieu parlât par
sa bouche ; il le dit, et on le crut.

Donc, ajoutoit-il, en me déclarant
infaillible, je le suis. Donc, en me
déclarant vengeur de la Divinité, je le
deviens. Or, dans cet auguste em-
ploi, mon ennemi est celui du Très-
Haut, celui qu'une église infaillible

déclare hérétique. Que cet hérétique soit prince ou non, quel que soit le titre du coupable, l'église a le droit de l'emprisonner, de le torturer, de le brûler (a). Qu'est-ce qu'un roi devant l'Éternel? Tous les hommes à ses yeux sont égaux, et sont tels aux yeux de l'église.

Aussi, par-tout où l'église éleva le tribunal de l'inquisition, son trône fut au-dessus de celui des souverains.

Dans les pays où l'église ne put s'armer de la puissance inquisitive, comment sa ruse triompha-t-elle de celle du prince? En lui persuadant, comme à Vienne ou en France, qu'il regne par la religion; que ses mi-

(a) Les prêtres en général sont cruels. Jadis sacrificateurs, ou bouchers, ils retiennent encore l'esprit de leur premier état.

nistres, si souvent destructeurs des rois, en sont les appuis; et qu'enfin l'autel est le soutien du trône.

On sait qu'à la Chine, aux Indes, et dans tout l'orient, les trônes s'affermissent sur leur propre masse : on sait qu'en occident ce furent les prêtres qui les renverserent; que la religion, plus souvent que l'ambition des grands, créa des régicides; que, dans l'état actuel de l'Europe, ce n'est que du fanatique que les monarques ont à se défendre. Ces monarques douteroient-ils encore de l'audace d'un corps qui les a si souvent déclarés ses justiciables ?

Cette orgueilleuse prétention eût à la longue, sans doute, éclairé les princes, si l'église, selon les temps et les circonstances, n'eût, sur ce point, successivement paru changer d'opinion.

CHAPITRE XXVII.

Des temps où l'église catholique laisse reposer ses prétentions.

L'ESPRIT d'un siecle est-il peu favorable aux entreprises du sacerdoce? les lumieres philosophiques ont-elles percé dans tous les ordres de citoyens? le militaire, plus instruit, est-il plus attaché au prince qu'au clergé? le souverain lui-même, plus éclairé, s'est-il rendu plus respectable à l'église? elle dépouille sa férocité, modere son zele; elle avoue hautement l'indépendance du prince. Mais cet aveu est-il sincere? est-il l'effet de la nécessité, de la prudence, ou de la persuasion réelle du clergé? La preuve qu'en se taisant l'église n'a-

bandonne pas·ses prétentions., c'est
qu'elle enseigne toujours à Rome la
même doctrine. Le clergé affecte sans
doute le plus grand respect pour la
royauté; il veut qu'on l'honore jusques
dans les tyrans (22)..Mais ses maximes à ce sujet prouvent moins son
attachement pour les souverains, que
son indifférence et son mépris pour
le bonheur des hommes et des nations.

Qu'importe à l'église la tyrannie des
mauvais rois, pourvu qu'elle partage
leur pouvoir?

Lorsque l'ange des ténebres em-
porta le fils de l'homme sur la mon-
tagne, il lui.dit : « Tu vois d'ici tous
« les royaumes de la terre ; adore-
« moi; je t'en fais le maître ». L'é-
glise dit pareillement au prince : « Sois
« mon esclave, sois l'exécuteur de
« mes·barbaries, adore-moi, inspire

« aux peuples la crainte du prêtre,
« qu'ils croupissent dans l'ignorance
« et la stupidité ; à ce prix je te
« donne un empire illimité sur tes
« sujets : tu peux être tyran. »

Ennemi sourd de la puissance temporelle, le sacerdoce, selon les temps et le caractere des rois, les ménage ou les insulte.

Le pape se refuse aux demandes de Valdemar, roi de Danemarck ; ce roi lui fait cette réponse (a) : « De Dieu
« je tiens la vie, des Danois le royau-
« me, de mes peres mes richesses, de
« tes prédécesseurs la foi, que je te
« remets par les présentes, si tu ne
« m'octroies ma demande ». Tel est le protocole de tout prince éclairé avec

(a) Vitam habemus a Deo, regnum ab incolis, divitias a parentibus, fidem a tuis prædecessoribus, quam, si nobis non faves, remittimus per præsentes.

3.

la cour de Rome. Qu'on la brave, on
n'a point à la redouter.

Les prêtres, par la mollesse de leur
éducation, sont pusillanimes : ils ont
la barbe de l'homme et le caractere
de la femme. Impérieux avec qui les
craint, ils sont lâches avec qui leur
résiste.

Peut-être l'esprit des nations est-il
maintenant peu favorable au clergé.
Mais un corps immortel ne doit jamais
désespérer de son crédit : tant qu'il
subsiste il n'a rien perdu. Pour recou-
vrer sa premiere puissance, il ne faut
qu'épier l'occasion, la saisir, et mar-
cher constamment à son but. Le reste
est l'œuvre du temps.

Qui jouit comme le clergé d'immenses richesses peut l'attendre pa-
tiemment. Ne peut-il plus prêcher
des croisades contre les souverains, et
les combattre à force ouverte? il lui

reste encore la ressource du fanatisme contre tout prince assez timide
pour n'oser établir la loi de la tolérance. (a)

CHAPITRE XXVIII.

Du temps où l'église fait revivre ses prétentions.

Qu'un prince foible et superstitieux occupe le trône d'un grand empire; qu'en cet empire l'église ait élevé le tribunal de l'inquisition ; qu'enrichie des dépouilles des hérétiques, et de-

(a) Par-tout où l'on tolere plusieurs religions et plusieurs sectes, elles s'ha-bituent insensiblement l'une à l'autre, leur zele perd tous les jours de son âcreté. Il est peu de fanatiques où la tolérance pléniere est établie.

venue de jour en jour plus riche et plus puissante, elle ait, par des supplices horribles et multipliés, effrayé les esprits, éteint le jour de la science, ramené les ténebres de la stupidité; l'église y commandera en reine ; elle y fera revivre ses prétentions ; le regne du monarque sera le siecle de la grandeur sacerdotale ; et, si les mêmes causes produisent nécessairement les mêmes effets, les peuples, esclaves de l'église, reconnoîtront en elle une puissance supérieure à celle du souverain. Alors le prince, humilié et privé du secours de ses peuples, ne sera devant son clergé qu'un citoyen isolé, exposé au même mépris, aux mêmes indignités et au même châtiment, que le dernier de ses sujets. Que cette conduite soit criminelle ou non, la superstition la justifie. L'infaillibilité avouée d'un corps légitime tous les forfaits.

CHAPITRE XXIX.

Des prétentions de l'église prouvées par le droit.

Les gouvernements d'Allemagne et de France ont soustrait leurs sujets aux bûchers de l'inquisition. Mais de quel droit, dira l'église, ces gouvernements mirent-ils des bornes à ma puissance? fut-ce de mon aveu qu'ils en bannirent mes inquisiteurs? ne les ai-je pas sans cesse rappelés dans ces empires (a)? Le clergé d'Espagne et de Portugal ne regarde-t-il pas l'inquisition comme salutaire? Les prélats de France et d'Allemagne

(a) Dans les papiers saisis chez les jésuites, le procureur-général du parlement d'Aix trouva, sous le nom de *conseil de conscience*, le projet d'une in-

ont-ils cité ce tribunal comme impie
et funeste? se sont-ils séparés de la
communion de ces prêtres prétendus
cruels parcequ'ils font brûler leurs
semblables? Est-il enfin un pays catholique où du moins par leur silence
les évêques n'aient approuvé l'inquisition? L'église se déclare-t-elle le vengeur de Dieu? ce droit de le venger
est celui de persécuter les hommes.
Or la même infaillibilité qui lui donne
ce droit l'autorise à l'exercer également sur les rois comme sur le dernier
de leurs sujets (23).

Si la conduite du prince est la loi
des peuples, si son exemple peut au-
toriser l'impiété, c'est sur-tout le

quisition. Ce que les jésuites n'avoient pu
faire en France sur la fin du regne de
Louis XIV, ils espéroient apparemment
pouvoir l'exécuter sous un regne encore
plus favorable.

sang des rois que l'intérêt du prêtre et de Dieu demande. L'église le versoit du temps de Henri III et de Henri IV; et l'église est toujours la même. La doctrine de Bellarmin est la doctrine de Rome et des séminaires. « Les pre- « miers chrétiens, dit ce docteur, « eurent le droit de tuer Néron et « tous les princes leurs persécuteurs. « S'ils souffrirent sans se plaindre, ce « fut l'audace et non le droit qui leur « manqua ». Samuel n'en eut aucun que l'église catholique, cette épouse de Dieu (24), n'ait encore.

CHAPITRE XXX.

Les prétentions de l'église prouvées par le fait.

Les mêmes droits, dit l'église, que mon infaillibilité me donne sur les rois, une possession immémoriale me les confirme. Les princes furent toujours mes esclaves, et j'ai toujours versé le sang humain. En vain l'impie a cité contre moi ce passage : « Ren-« dez à César ce qui est dû à César ». Si César est hérétique, que lui doit l'église ? la mort. (a)

Les princes catholiques ont-ils pu

(a) Au siecle de Henri III et de Henri IV, des Clément et des Ravaillac, telle étoit la maniere dont les sorbonnistes interprétoient ce passage.

même jusqu'à présent poser les bornes précises des deux autorités ?

L'Europe nie maintenant l'infaillibilité de l'église ; mais elle n'en doutoit point lorsque le clergé transportoit aux Espagnols la couronne de Montézume, qu'il armoit l'occident contre l'orient, qu'il ordonnoit à ses saints de prêcher des croisades, et disposoit enfin à son gré des couronnes de l'Asie. Ce que l'église put en Asie elle le peut en Europe. Quels sont d'ailleurs les droits réclamés par le clergé ? ceux dont ont joui les prêtres de toutes les religions.

Lors du paganisme, les dons les plus magnifiques n'étoient-ils pas portés en Suede au fameux temple d'Upsal ? les plus riches offrandes, dit M. Mallet, n'y étoient-elles point, dans les temps de calamités publiques ou particulieres, prodiguées aux druides ? Or, du moment où le prêtre catholique eut succédé aux richesses et au pouvoir de ces druides, il eut comme eux part à toutes les révolutions de la Suede. Que de séditions excitées par les archevêques d'Upsal! que de changemens faits par eux dans la forme du gouvernement! Le trône alors n'étoit point un abri contre la puissance de ces redoutables prélats.

En Allemagne, elle voulut que les empereurs, pieds et têtes nus, vinssent devant le papé reconnoître en elle la même autorité.

En France, elle ordonna que les rois, dépouillés de leurs habits par les ministres de la religion, seroient attachés aux autels, y seroient frappés de verges, et qu'ils expieroient dans ce supplice les crimes dont l'église les déclaroit coupables.

En Portugal, on a vu l'inquisition dé-

terrer le cadavre du roi don Juan IV (a)
pour l'absoudre d'une excommunica-
tion qu'il n'avoit pas encourue.

Lors des différends de Paul V avec
la république de Venise, l'église ana-
thématisa le savant dont la plume
vengeoit la république : elle fit plus,
elle assassina Fra-Paolo, et nul ne lui
en contesta le droit (b) : l'Europe sut
l'action, et garda un silence respec-
tueux.

(a) Le crime de ce don Juan fut la
défense faite aux inquisiteurs de s'ap-
proprier les biens de leurs victimes.
Cette défense n'étoit pas même contraire à la nouvelle bulle qu'à l'insu du
prince les dominicains avoient obtenue
du pape.

(b) Fra-Paolo, percé d'un coup de
poignard en disant la messe, tombe, et
prononce ces mots célebres : *Agnosco
stylum romanum.*

Lorsque Rome frappa pareillement de l'anathème le seigneur de Milan (a), lorsqu'elle le déclara hérétique, et publia des croisades contre les Malateste, les Ordolafée et les Manfrédi (b), les puissances de l'Europe se turent, et leur silence fut la reconnoissance tacite du droit aujourd'hui réclamé par l'église, droit exercé par elle en tous les temps, et fondé sur la base inébranlable de son infaillibilité (25).

Je ne m'étendrai pas davantage sur

(a) Le seul crime dont le pape accusoit Visconti, c'étoit, en qualité de vassal de l'empire, d'avoir pris avec trop de zele le parti de l'empereur Louis de Baviere. Ce zele fut déclaré hérétique.

(b) Le crime de Malateste fut d'avoir surpris Rimini. Celui des Ordolafée et des Manfrédi fut de s'être emparés de Faënza, ville sur laquelle le pape s'étoit

ce sujet, et me contenterai d'observer que s'il est vrai, comme je l'ai dit ci-dessus, que tout homme, ou du moins tout corps, soit ambitieux ;

Que l'ambition soit en lui vertu ou vice, selon les moyens divers par lesquels il la satisfait ;

Que ceux employés par l'église soient toujours destructifs du bonheur des nations ;

Que sa grandeur, fondée sur l'intolérance, doive appauvrir les peuples, avilir les magistrats, exposer la vie

créé des prétentions. Tous les papes étoient alors usurpateurs, et tous leurs ennemis déclarés hérétiques. Ces papes cependant se confessoient, et ne restituoient point. Leurs successeurs ont depuis joui sans scrupule de ces biens mal acquis. Cette jouissance peut paroître un mystere d'iniquité : j'aime mieux croire que c'est un mystere de théologie.

des souverains ; et qu'enfin jamais l'intérêt du sacerdoce ne puisse se confondre avec l'intérêt public ;

On doit conclure que la religion, non cette religion douce et tolérante établie par Jésus-Christ, mais celle du prêtre, celle au nom de laquelle il se déclare vengeur de la Divinité, et prétend au droit de brûler et de persécuter les hommes, est une religion de discorde et de sang, une religion régicide, et sur laquelle un clergé ambitieux pourra toujours établir les droits horribles dont il a si souvent fait usage. Mais que peuvent les rois contre l'ambition de l'église ?

CHAPITRE XXXI.

Des moyens d'enchaîner l'ambition ecclésiastique.

LAISSE-T-ON à Dieu le soin de sa propre vengeance? lui remet-on la punition des hérétiques? la terre ne s'arroge-t-elle plus le droit de juger les offenses faites au ciel (26)? le précepte de la tolérance devient-il enfin un précepte de l'éducation publique? alors, sans prétexte pour persécuter les hommes, soulever les peuples, envahir la puissance temporelle, l'ambition du prêtre s'éteint; alors, dépouillé de sa férocité, il ne maudit plus ses souverains, n'arme plus les Ravaillacs, et n'ouvre plus le ciel aux régicides. Si la foi est un don du ciel, l'homme sans foi est à plaindre, non à punir. L'excès de l'inhumanité, c'est de persécuter un infortuné. La tolérance est-elle admise? le paradis n'est plus la récompense de l'assassin et le prix des grands attentats.

L'église est un tigre. Enchaîné par la loi de la tolérance (a), il est doux. Sa chaîne se rompt-elle? il reprend sa premiere fureur. Par ce qu'a fait autrefois l'église les princes peuvent juger de ce qu'elle feroit encore si on lui rendoit son premier pouvoir. Le passé doit les éclairer sur l'avenir.

Le magistrat qui se flatteroit de faire concourir les puissances spiri-

(a) La multiplicité des religions dans un empire affermit le trône. Des sectes ne peuvent être contenues que par d'autres sectes. Dans le moral, comme dans le physique, c'est l'équilibre des forces opposées qui produit le repos.

tuelle et temporelle au même objet, c'est-à-dire au bien public, se tromperoit. Il en est de ces deux puissances, quelquefois réunies pour dévorer le même peuple, comme de deux nations voisines et jalouses qui, liguées contre une troisieme, l'attaquent, et se battent au partage de ses dépouilles.

Nul empire ne peut être sagement gouverné par deux pouvoirs suprêmes et indépendants. C'est d'un seul, ou partagé entre plusieurs, ou réuni entre les mains du monarque, que toute loi doit émaner.

La tolérance soumet le prêtre au prince ; l'intolérance soumet le prince au prêtre. Elle annonce deux puissances rivales dans un empire.

L'ignorance des peuples, mere d'une dévotion stupide (27), est un poison qui, sublimé par les chymistes de la religion, répand autour du trône les

exhalaisons mortelles de la superstition.

Un pays d'inquisition n'est pas la
patrie d'un citoyen honnête (28).
Malheur aux nations où le moine
poursuit impunément quiconque mé-
prise ses légendes, et ne croit ni aux
sorciers ni au nain jaune ; où le
moine traîne au supplice l'homme
vertueux *qui fait le bien, ne nuit à
personne, et dit la vérité.* Dans un
pays tolérant, quelque critique que
soit la situation d'un peuple, un seul
grand homme suffit quelquefois pour
changer la face des affaires. La guerre
s'allume entre la France et l'Angleterre ; la France a d'abord l'avantage.
M. Pitt est élevé au ministere, la
nation anglaise reprend ses esprits, et
les officiers de mer leur intrépidité.
Rien de moins semblable à lui-même
que l'Anglais du commencement et

de la fin de la guerre. Que voyoit-on en France à la même époque?

La bigoterie commandoit alors impérieusement aux grands (29). Telle étoit sur eux sa puissance, qu'au moment même où la France, battue de toutes parts, se voyoit enlever ses colonies, on ne s'occupoit à Paris que de l'affaire des jésuites (a), on ne s'intriguoit que pour eux.

Tel étoit l'esprit qui régnoit à Constantinople lorsque Mahomet II en faisoit le siege. La cour y tenoit

(a) Lors de l'affaire des jésuites, si l'on apprenoit à Paris la perte d'une bataille, à peine s'en occupoit-on un jour. Le lendemain on parloit de l'expulsion des bénits peres. Ces peres, pour détourner le public de l'examen de leurs constitutions, ne cessoient de crier contre les encyclopédistes. Ils attribuoient au progrès de la philosophie les mauvais succès des cam-

des conciles dans le temps même que
le sultan en prenoit les fauxbourgs.

Quelque superstitieuse , quelque
fanatique que soit une nation , son
caractere sera toujours susceptible des
diverses formes que lui donneront ses
lois, son gouvernement, et sur - tout
l'éducation publique. L'instruction
peut tout; et si j'ai , dans les sections
précédentes, si scrupuleusement dé-
taillé les maux produits par une ignorance dont tant de gens se déclarent
aujourd'hui les protecteurs , c'étoit

pagnes. C'est elle, disoient-ils, qui gâte
l'esprit des soldats et des généraux. Leurs
dévotes en étoient convaincues. Mille oies
couleur de rose répétoient la même phrase ;
et c'étoit cependant le peuple très philosophe des Anglais , et le roi encore plus
philosophe de Prusse , qui battoient les
généraux français ; que personne n'accusoit de philosophie.

pour faire mieux sentir toute l'importance de l'éducation. Quels moyens de la perfectionner? C'est par l'examen de cette question que je terminerai cet ouvrage.

NOTES.

(1) LA contradiction révolte l'ignorant. Si l'homme éclairé la supporte, c'est qu'examinateur scrupuleux de lui-même il s'est souvent surpris en erreur. L'ignorant ne sent point le besoin de l'instruction. Il croit tout savoir.

(2) Les vérités générales éclairent le public sans offenser personnellement l'homme en place. Pourquoi donc n'excite-t-il point les écrivains à la recherche de ces sortes de vérités?

(3) Ce n'est point, en théologie, la nouveauté d'une opinion qui révolte, mais la violence employée pour la faire recevoir. L'homme, dit Machiavel, a droit de tout penser, de tout dire, de tout écrire, mais non d'imposer ses opinions. Que le théologien me persuade ou me convainque, et qu'il ne prétende point forcer ma croyance.

(4) La seule religion intolérable est une religion intolérante. Une telle religion devenue la plus puissante dans un empire y allumeroit les flambeaux de la guerre, et le plongeroit dans des troubles et des calamités sans nombre.

(5) Les princes sont-ils indifférents aux disputes théologiques ? les orgueilleux docteurs, après s'être dit bien des injures, s'ennuient d'écrire sans être lus. Le mépris public leur impose silence.

(6) Un législateur prudent fait toujours proposer par quelque écrivain célèbre les lois nouvelles qu'il veut établir. Ces lois sont-elles, sous le nom de cet auteur, quelque temps exposées à la critique publique? si on les juge bonnes, et qu'on les reconnoisse pour telles, on les reçoit sans murmurer.

(7) Un ministre fait-il une loi? un philosophe découvre-t-il une vérité? jusqu'à ce que l'utilité de cette loi et de cette vérité soit avouée, tous deux sont en butte à l'envie et à la sottise. Leur sort

cependant est très différent. Le ministre ,
armé de la puissance, n'est exposé qu'à
des railleries ; mais le philosophe, sans
pouvoir, l'est à des persécutions.

(8) On entend vanter tous les jours
l'excellence de certains établissements
étrangers; mais ces établissements, ajou-
te-t-on, ne sont pas compatibles avec
telle forme de gouvernement. Si ce fait
est vrai dans quelques cas particuliers, il
est faux dans la plupart. La procédure
criminelle anglaise est-elle la plus propre
à protéger l'innocence? pourquoi les Français, les Allemands et les Italiens, ne l'ad-
optent-ils pas ?

(9) Les princes changent journellement
les lois du commerce, celles qui reglent
la perception des droits et des impôts;
ils peuvent donc changer également toute
loi contraire au bien public. Trajan croit-
il le gouvernement républicain préférable
au monarchique? il offre de changer la
forme du gouvernement; il offre la liberté
aux Romains , et la leur auroit rendue

s'ils eussent voulu l'accepter. Une telle
action mérite sans doute de grands éloges.
Elle a frappé l'univers d'admiration. Mais
est elle aussi surnaturelle qu'on l'imagine?
Ne sent-on pas qu'en brisant les fers des
Romains Trajan conservoit la plus grande
autorité sur un peuple affranchi par sa
générosité; qu'il eût alors tenu de l'amour
et de la reconnoissance presque tout le
pouvoir qu'il devoit à la force de ses
armées ?

(10) Il n'est qu'une chose vraiment
contraire à toute espece de constitution;
c'est le malheur des peuples.

(11) Dans les pays despotiques, si le
militaire est intérieurement haï et mé-
prisé, c'est que le peuple ne voit dans les
beys et les pachas que ses geoliers et ses
bourreaux. Si, dans les républiques grec-
ques et romaine, le soldat, au contraire,
étoit aimé et respecté, c'est qu'armé
contre l'ennemi commun il n'eût point
marché contre ses compatriotes.

(12) Suffit-il qu'un sultan commande

en vertu d'une loi pour rendre son autorité légitime? Non. Un usurpateur, par une loi expresse, peut se déclarer souverain; dira-t-on vingt ans après que son usurpation est légitime? une telle opinion est absurde. Nulle société, lors de son établissement, n'a remis ni pu remettre aux mains d'un homme le pouvoir de disposer à son gré des biens, de la vie et de la liberté des citoyens.

Tout peuple gémissant sous le joug du pouvoir arbitraire a droit de le secouer. Les lois sacrées sont les lois conformes à l'intérêt public. Toute loi contraire n'est pas une loi, c'est un abus légal.

(13) Un despote n'a pas reçu de la nature les forces nécessaires pour soumettre lui seul une nation. Il ne l'asservit qu'à l'aide de ses janissaires, de ses soldats, et de son armée. Déplaît-il à cette armée? il est sans force, le sceptre échappe de ses mains, il est condamné par ses complices. On ne le juge point, on le tue. Il en est autrement d'un prince qui regne

sous l'autorité des magistrats et des lois.
Supposons qu'il commette un crime punissable par ces mêmes lois, il est du moins entendu dans ses défenses, et la lenteur de la procédure lui laisse toujours le temps de prévenir son jugement en réparant ses injustices.

Le prince sur le trône d'une monarchie modérée est toujours plus fermement assis que sur celui du despotisme.

(14) La justice du ciel fut toujours un mystere. L'église pensoit autrefois que, dans les duels ou les batailles, Dieu se rangeoit toujours du côté de l'offensé. L'expérience a démenti l'église. On sait que, dans les combats particuliers, le ciel est toujours du côté du plus fort et du plus adroit, et, dans les combats généraux, du côté des meilleures troupes et du plus habile général.

(15) Peu de philosophes ont nié l'existence d'un Dieu physique. *Il est une cause de ce qui est, et cette cause est inconnue.* Qu'on lui donne le nom de

Dieu ou tout autre, qu'importe? Les disputes à ce sujet ne sont que des disputes de mots. Il n'en est pas ainsi du Dieu moral. L'opposition qui s'est toujours trouvée entre la justice de la terre et celle du ciel en a souvent fait nier l'existence. D'ailleurs, a-t-on dit, qu'est-ce que la morale? Le recueil des conventions que les besoins réciproques des hommes les ont nécessités de contracter entre eux. Or, comment faire un Dieu de l'œuvre des hommes?

(16) La preuve de notre peu de foi est le mépris connu pour quiconque change de religion. Rien sans doute de plus louable que d'abandonner une erreur pour embrasser la vérité. D'où naît donc notre mépris pour les nouveaux convertis? De la conviction obscure où l'on est que toutes les religions sont également fausses, et que quiconque en change s'y détermine par un intérêt sordide, et par conséquent méprisable.

(17) Si la morale des jésuites eût été

l'œuvre d'un laïque, elle eût été condamnée aussitôt qu'imprimée.

Ce n'est pas la chose, c'est l'auteur que le clergé juge. Il eut toujours deux poids et deux mesures. S. Thomas en est un exemple. Machiavel, dans son *Prince*, n'avança jamais les propositions que ce saint enseigne dans son *Commentaire sur la cinquieme des politiques*, texte 11. Voyez ses propres mots :

Ad salvationem tyrannidis excellentes potentia vel divitiis interficere; quia tales, per potentiam quam habent, possunt insurgere contra tyrannum. Iterum expedit interficere sapientes; tales enim, per sapientiam eorum, possunt invenire vias ad expellendam tyrannidem. Nec scholas, nec alias congregationes per quas contingit vacare circa sapientiam permittendum est; sapientes enim ad magna inclinantur, et ideo magnanimi sunt, et tales de facili insurgunt. Ad salvandam tyrannidem oportet

*quod tyrannus procuret ut subditi im-
ponant sibi invicem crimina, et turbent
seipsos, ut amicus amicum, et popu-
lus contra divites, et divites inter se dis-
sentiant ; sic enim minus poterunt insurgere propter eorum divisionem.
Oportet etiam subditos facere pau-
peres ; sic enim minus poterunt insurgere contra tyrannum. Procreanda
sunt vectigalia, hoc est exactiones
multæ, magnæ ; sic enim cito poterunt depauperari subditi. Tyrannus
debet procurare bella inter subditos,
vel etiam extraneos, ita ut non pos-
sint vacare ad aliquid tractandum
contra tyrannum. Regnum salvatur
per amicos ; tyrannus autem ad salvandam tyrannidem non debet confi-
dere amicis.*

Texte 12 il ajoute :

*Expedit tyrannus, ad salvandam
tyrannidem, quod non appareat subditis sævus seu crudelis : nam si appareat sævus, reddit se odiosum ; ex*

*hoc autem facilius insurgunt in eum :
sed debet se reddere reverendum propter excellentiam alicujus boni ex-
cellentis , reverentia enim debetur
bono excellenti; et si non habeat bo-
num illud excellens, debet simulare
se habere illud. Tyrannus debet se
reddere talem ut videatur subditis
ipsum excellere in aliquo bono excellenti in quo ipsi deficiunt, ex quo
eum reverentur. Si non habeat virtu-
tes secundum veritatem , faciat ut
opinentur habere eas.*

Voici la traduction de ce passage par
Naudé :

« Pour maintenir la tyrannie il faut
« faire mourir les plus puissants et les
« plus riches , parceque de telles gens se
« peuvent soulever contre le tyran par le
« moyen de l'autorité qu'ils ont. Il est
« aussi nécessaire de se défaire des grands
« esprits et des hommes savants , parce-
« qu'ils peuvent trouver par leur science
« les moyens de ruiner la tyrannie. Il ne

« faut pas même qu'il y ait des écoles
« ni autres congrégations par le moyen
« desquelles on puisse apprendre les
« sciences ; car les savants ont de l'incli-
« nation pour les choses grandes, et sont
« par conséquent courageux et magna-
« nimes ; et de tels hommes se sou-
« levent facilement contre les tyrans.
« Pour maintenir la tyrannie, il faut que
« les tyrans fassent en sorte que leurs
« sujets s'accusent les uns les autres, et
« se troublent eux-mêmes ; que l'ami
« persécute l'ami, et qu'il y ait de la
« dissension entre le même peuple et les
« riches, et de la discorde entre les opu-
« lents ; car en le faisant ils auront moins
« de moyens de se soulever, à cause de
« leurs divisions. Il faut aussi rendre
« pauvres les sujets, afin qu'il leur soit
« d'autant plus difficile de se soulever
« contre le tyran. Il faut établir des sub-
« sides, c'est-à-dire de grandes exactions,
« et en grand nombre ; car c'est le moyen
« de rendre bientôt pauvres les sujets.

« Le tyran doit aussi susciter des guerres
« parmi ses sujets, et même parmi les
« étrangers, afin qu'ils ne puissent né-
« gocier aucune chose contre lui. Les
« royaumes se maintiennent par le moyen
« des amis; mais un tyran ne se doit fier
« à personne pour se conserver en la
« tyrannie.

« Il ne faut pas qu'un tyran, pour se
« maintenir dans la tyrannie, paroisse à
« ses sujets être cruel; car, s'il leur pa-
« roît tel, il se rend odieux; ce qui les
« peut faire plus facilement soulever
« contre lui : mais il doit se rendre vé-
« nérable par l'excellence de quelque
« éminente vertu, car on doit toute
« sorte de respect à la vertu; et s'il
« n'a pas cette qualité excellente, il
« doit faire semblant qu'il la possede.
« Le tyran se doit rendre tel qu'il sem-
« ble à ses sujets qu'il possede quel-
« que éminente vertu qui leur manque,
« et pour laquelle ils lui portent res-
« pect. S'il n'a point de vertus, qu'il

« fasse en sorte qu'ils croient qu'il en
« ait. »

Telles sont sur ce sujet les idées de
S. Thomas. Je remarquerai avec Naudé
que voilà des préceptes bien étranges
dans la bouche d'un saint. Machiavel, dans
son *Prince*, n'est que le commentateur
de S. Thomas.

(18) Les moines disputent encore, ils
ne raisonnent plus. Combat-on leurs opinions? leur fait-on des objections? n'y
peuvent-ils répondre? ils assurent qu'elles
sont depuis long-temps résolues; et, dans
ce cas, cette réponse est réellement la
plus adroite.

(19) Si l'espoir de la récompense peut
seul exciter l'homme à la recherche de la
vérité, l'indifférence pour elle suppose
une grande disproportion entre les récompenses attachées à sa découverte et
les peines qu'exige sa recherche. Pourquoi les puissants font-ils rarement usage
des vérités découvertes par le philosophe?
C'est qu'ils s'intéressent rarement au bien

public. Mais, supposé qu'ils protégeassent la vérité, qu'arriveroit-il? Qu'elle se propageroit avec une rapidité incroyable. Il n'en est pas ainsi de l'erreur. Est-elle favorisée. du puissant? elle est généralement mais non universellement adoptée. Il reste toujours à la vérité des partisans secrets. Ce sont, pour ainsi dire, autant de conjurés, toujours prêts dans l'occasion à se déclarer pour elle. Un mot du souverain suffit pour détruire une erreur. Quant à la vérité, son germe est indestructible. Il est sans doute stérile si le puissant ne le féconde ; mais il subsiste : et, si ce germe doit son développement au pouvoir, il doit son existence à la philosophie.

(20) Parmi les ecclésiastiques il est sans doute des hommes honnêtes, heureux, et sans ambition ; mais ceux-là ne sont point appelés au gouvernement de ce corps puissant. Le clergé, toujours régi par des intrigants, sera toujours ambitieux.

(21) L'église, toujours occupée de sa grandeur, réduisit toutes les vertus chrétiennes à l'abstinence, à l'humilité, à l'aveugle soumission. Elle ne prêcha jamais l'amour de la patrie ni de l'humanité.

(22) Si l'église défendit quelquefois aux laïques le meurtre du prince, elle se le permit toujours. Il est vrai, disent les théologiens, que les papes ont déposé les souverains, prêché contre eux des croisades, béatifié des Cléments; mais ces légèretés sont des fautes du pontife, et non de l'église. Quant au silence coupable gardé à ce sujet par les évêques, il fut, ajoutent-ils, l'effet de leur politesse pour le saint-siege, et non d'une approbation donnée à sa conduite.

(23) L'inquisition n'est pas reçue en France. Cependant, dira l'église, on y emprisonne à ma sollicitation le janséniste, le calviniste, et le déiste; on y reconnoît donc tacitement le droit que j'ai de persécuter. Or, ce droit que le prince

me donne sur ses sujets, je n'attends que l'occasion pour le réclamer sur lui-même et sur les magistrats.

(24) L'église se dit épouse de Dieu, et je ne sais pourquoi. L'église est une assemblée de fideles. Ces fideles sont barbus ou non barbus, chaussés ou déchaussés, capuchonnés ou décapuchonnés : or, qu'une telle assemblée soit l'épouse de la Divinité, c'est une prétention trop folle et trop ridicule. Si le mot *église* eût été masculin, comment eût-on consommé ce mariage?

(25) L'église de France refuse maintenant au pape le droit de disposer des couronnes; mais le refus de cette église est-il sincere? est-il l'effet de sa conviction? C'est à sa conduite passée à nous en instruire. Quel respect le clergé peut-il avoir pour une loi humaine, lui qui croit, en qualité d'interprete de la loi divine, pouvoir la changer et la modifier à son gré? Quiconque s'est créé le droit d'interpréter une loi finit toujours par la faire.

6.

L'église, en conséquence, s'est faite Dieu. Aussi rien de moins ressemblant que la religion de Jésus et la religion actuelle des papistes.

Quelle surprise pour les apôtres si, rendus au monde, ils lisoient un catéchisme qu'ils n'ont point fait; s'ils apprenoient que naguere l'église interdisoit aux laïques la lecture même des écritures saintes, sous le vain prétexte qu'elles étoient scandaleuses pour les foibles !

(26) Les gouvernements sont juges des actions, et non des opinions. Que j'avance une erreur grossiere, j'en suis puni par le ridicule et le mépris ; mais qu'en conséquence d'une opinion erronée j'attente à la liberté de mes semblables, c'est alors que je deviens criminel.

Que, dévot adorateur de Vénus, je brûle le temple de Sérapis, le magistrat doit me punir, non comme hérétique, mais comme perturbateur du repos public, comme un homme injuste, et qui, libre dans l'exercice de son culte; veut priver ses concitoyens de la liberté dont il jouit.

(27) L'expulsion des jésuites supposoit, en Espagne et en Portugal, des ministres d'un caractere ferme et hardi. En France, les lumieres déja répandues dans la nation facilitoient cette expulsion. Si le pape s'en fût plaint trop amèrement, ses plaintes eussent paru déplacées.

Dans une lettre écrite au sujet de la condamnation du mandement de M. de Soissons par la congrégation du saint-office, un vertueux cardinal remontre au saint-pere « qu'il est certaines prétentions que « la cour de Rome devoit ensevelir dans « un silence et un oubli éternel, sur-« tout, ajoute-t-il, dans ces temps mal-« heureux et déplorables où les incrédules « et les impies font suspecter la fidélité « des ministres de la religion. »

(28) Dans les pays catholiques, quel moyen de former des citoyens vertueux? l'instruction de la jeunesse y est confiée

aux prêtres. Or, l'intérêt du prêtre est
presque toujours contraire à celui de
l'état. « Jamais le prêtre n'adoptera ce
« principe fondamental de toutes les ver-
« tus, savoir, *que la justice de nos*
« *actions dépend de leur conformité*
« *avec l'intérêt général* ». Un tel principe nuit à ses vues ambitieuses.

D'ailleurs, si la morale, comme les
autres sciences, ne se perfectionne que
par le temps et l'expérience, il est évident qu'une religion qui prétend, en
qualité de révélée, avoir instruit l'homme de tous ses devoirs, s'oppose d'autant plus efficacement à la perfection
de cette même science, qu'elle ne laisse
plus rien à faire au génie et à l'expérience.

(29) Dans le moment où la France
faisoit la guerre aux Anglais, les parlements la faisoient aux jésuites, et
la cour dévote prenoit parti pour ces
derniers. Tout y étoit rempli d'intrigues
ecclésiastiques. On se seroit cru volon-

tiers à la fin du regne de Louis XIV.
On comptoit alors à Versailles très
peu d'honnêtes gens , et beaucoup de
bigots.

SECTION X.

De la puissance de l'instruction; des moyens de la perfectionner; des obstacles qui s'opposent aux progrès de cette science; de la facilité avec laquelle, ces obstacles levés, on traceroit le plan d'une excellente éducation.

CHAPITRE I.

L'éducation peut tout.

La plus forte preuve de la puissance de l'éducation est le rapport constamment observé entre la diversité des instructions et leurs produits ou résultats différents. Le sauvage est infatigable à la chasse ; il est plus léger à la course que l'homme policé (a), parceque le sauvage y est plus exercé.

L'homme policé est plus instruit, il a plus d'idées que le sauvage, parcequ'il reçoit un plus grand nombre de sensations différentes, et qu'il est, par sa position, plus intéressé à les comparer entre elles. L'agilité supérieure de l'un, les connoissances multipliées de l'autre, sont donc

(a) La sagacité des sauvages pour reconnoître la trace d'un homme à travers les forêts est incroyable. Ils distinguent à cette trace quelle est et sa nation et sa conformation particuliere. A quoi donc rapporter à cet égard la supériorité des sauvages sur l'homme policé? A la multitude de leurs expériences. L'esprit, en tous les genres, est fils de l'observation.

l'effet de la différence de leur éducation.

Si les hommes, communément
francs, loyaux, industrieux et hu-
mains sous un gouvernement libre,
sont bas, menteurs, vils, sans génie
et sans courage sous un gouvernement
despotique, cette différence dans leur
caractere est l'effet de la différente
éducation reçue dans l'un ou l'autre
de ces gouvernements.

. Passe-t-on de diverses constitutions
des états aux différentes conditions des
hommes? se demande-t-on la cause
du peu de justesse d'esprit des théologiens? c'est qu'ils sont à cet égard
plus soigneusement élevés que les autres hommes; c'est qu'accoutumés
dès leur jeunesse à se contenter du
jargon de l'école, à prendre des mots
pour des choses, il leur devient impossible de distinguer le mensonge

de la vérité, et le sophisme de la démonstration (1).

Le militaire est dans sa jeunesse
communément ignorant et libertin.
Pourquoi? C'est que rien ne le nécessite à s'instruire. Dans sa vieillesse
il est souvent sot et fanatique; c'est
que, l'âge du libertinage passé, son
ignorance doit le rendre superstitieux.

Il est peu de grands talents parmi
les gens du monde; c'est l'effet de
leur éducation. Celle de leur enfance
est trop négligée : on ne grave alors
dans leur mémoire que des idées
fausses et puériles. Pour y en substituer ensuite de justes et de grandes,
il faudroit en effacer les premieres.
Or, c'est toujours l'œuvre d'un long
temps, et l'on est vieux avant d'être
homme.

Dans presque toutes les professions,

la vie instructive est très courte. Le
seul moyen de l'alonger c'est de
former de bonne heure le jugement
de l'homme. Qu'on ne charge sa mémoire que d'idées claires et nettes,
son adolescence sera plus éclairée que
ne l'est maintenant sa vieillesse.

L'éducation nous fait ce que nous
sommes. Si dès l'âge de six ou sept
ans le Savoyard est déja économe,
actif, laborieux et fidele, c'est qu'il
est pauvre, c'est qu'il a faim, c'est
qu'il vit, comme je l'ai déja dit, avec
des compatriotes doués des qualités
qu'on exige de lui ; c'est qu'enfin il a
pour instituteur l'exemple et le besoin, deux maîtres impérieux auxquels tout obéit (a).

(a) A-t-on dès l'enfance contracté l'habitude du travail, de l'économie, de la
fidélité ? l'on s'arrache difficilement à cette
premiere habitude ; on n'en triomphe

La conduite uniforme des Savoyards
tient à la ressemblance de leur position, par conséquent à l'uniformité de
leur éducation. Il en est de même
de celle des princes. Pourquoi leur
reproche-t-on à-peu-près la même
éducation? C'est que, sans intérêt de
s'éclairer, il leur suffit de vouloir pour
subvenir à leurs besoins, à leurs fantaisies; or, qui peut sans talents et
sans travail satisfaire les uns et les
autres est sans principe de lumieres
et d'activité.

L'esprit et les talents ne sont jamais
dans les hommes que le produit de
leurs desirs et de leur position particuliere (a). La science de l'éducation

même que par un long commerce avec
des frippons, ou par des passions extrê-
mement fortes. Les passions de cette espece sont rares.

(a) C'est au malheur, c'est à la dureté

se réduit peut-être à placer les hommes dans une position qui les force à l'ac-

de leur éducation, que l'Europe doit ses Henri IV, ses Élisabeth, ses Frédéric. C'est au berceau de l'infortune que s'allaitent les grands princes. Leurs lumieres sont communément proportionnées au danger de leur position. Si l'usurpateur a presque toujours de grands talents, c'est que sa position l'y nécessite. Il n'en est pas de même de ses descendants.

En Afrique, quels sont les peuples les plus stupides? Les habitants de ces forêts de palmiers dont le tronc, les feuilles et les fruits fournissent sans culture à tous les besoins de l'homme. Le bonheur lui-même peut quelquefois engourdir l'esprit d'une nation. L'Angleterre produit maintenant peu d'excellents ouvrages moraux et politiques. Peut-être les écrivains célebres ne doivent-ils en certains pays le triste avantage d'être éclairés qu'au degré de malheur et de calamité sous lequel gémissent leurs compatriotes.

quisition des talents et des vertus desirées en eux.

Les souverains, à cet égard, ne sont pas toujours les mieux placés. Les grands rois sont des phénomenes extraordinaires dans la nature. Ces phénomenes, long - temps espérés, n'apparoissent que rarement. C'est toujours du prince successeur qu'on attend la réforme des abus ; il doit opérer des miracles. Ce prince monte sur le trône : rien ne change, et l'administration reste la même. Par quelle raison en effet un monarque, souvent plus mal élevé que ses ancêtres, seroit-il plus éclairé? En tous les temps, les mêmes causes produiront toujours les mêmes effets.

CHAPITRE II.

De l'éducation des princes.

« Un roi né sur le trône en est ra-
« rement digne », dit un poëte français. En général, les princes doivent
leur génie à l'austérité de leur éducation, au danger dont fut entourée leur
enfance, aux malheurs qu'enfin ils
ont éprouvés. L'éducation la plus dure
est la plus saine pour ceux qui doivent
un jour commander aux autres.

C'est dans les temps de trouble et
de discorde que les souverains reçoivent cette espece d'éducation. En tout
autre temps on ne leur donne qu'une
instruction d'étiquette, aussi mauvaise
et presque aussi difficile à changer que
la forme du gouvernement dont elle
est l'effet.

Quelle est en Turquie l'éducation de l'héritier du trône? Le jeune prince, retiré dans un quartier du serrail, a pour compagnie et pour amusement une femme et un métier de tapisserie. S'il sort de sa retraite, c'est pour venir, sous bonne garde, faire chaque semaine visite au sultan. Sa visite faite, il est, par la garde, reconduit à son appartement. Il y retrouve la même femme et le même métier de tapisserie. Quelle idée acquérir dans cette retraite de la science du gouvernement? Ce prince monte-t-il sur le trône? le premier objet qu'on lui présente, c'est la carte de son vaste empire; ce qu'on lui recommande, c'est d'être l'amour de ses sujets, et la terreur de ses ennemis. Que faire pour être l'un et l'autre? il l'ignore, L'inhabitude de l'application l'en rend incapable; la science du gouvernement lui devient odieuse; il s'enferme dans son harem, y change de femmes et de visirs, fait empaler les uns, donner la bastonnade aux autres, et croit gouverner. Les princes sont des hommes, et ne peuvent en cette qualité porter d'autres fruits que ceux de leur instruction. En Turquie, et sultan et sujet, nul ne pense. Il en est de même dans les diverses cours de l'Europe, à mesure que l'éducation des princes s'y rapproche de l'éducation orientale. Les vices et les vertus des hommes sont donc toujours l'effet et de leur diverse position, et de la différence de leur instruction.

Ce principe admis, supposons qu'on voulût résoudre pour chaque condition le problème d'une excellente éducation, que faire? Déterminer, 1°. quels sont les talents ou les vertus essentielles à l'homme de telle ou telle

profession ; indiquer, 2°. les moyens
de le forcer à l'acquisition de ces talents et de ces vertus (2).

L'homme, en général, ne réfléchit
que les idées de ceux qui l'environ-
nent; et les seules vertus qu'on soit
sûr de lui faire acquérir sont les vertus
de nécessité. Persuadé de cette vérité,
que je veuille inspirer à mon fils les
qualités sociales, je lui donnerai des
camarades à-peu-près de sa force et
de son âge ; je leur abandonnerai à
cet égard le soin de leur mutuelle
éducation, et ne les ferai inspecter par
le maître que pour modérer la rigueur
de leurs corrections. D'après ce plan
d'éducation, je suis sûr, si mon fils
fait le beau, l'impertinent, le fat, le
dédaigneux, qu'il ne le fera pas long-
temps.

Un enfant ne soutient point à la
longue le mépris, l'insulte et les raille-

ries de ses camarades. Il n'est point de défaut social que ne corrige un pareil traitement. Pour en assurer encore plus le succès, il faut que, presque toujours absent de la maison paternelle, l'enfant ne vienne point, dans les vacances et les jours de congé, repuiser de nouveau dans la conversation et la conduite des gens du monde les vices qu'ont détruits en lui ses condisciples.

En général, la meilleure éducation est celle où l'enfant, plus éloigné de ses parents, mêle moins d'idées incohérentes à celles qui doivent l'occuper dans le cours de ses études (3). C'est la raison pour laquelle l'éducation publique l'emportera toujours sur la domestique.

Trop de gens néanmoins sont sur cet objet d'un avis différent pour ne pas exposer les motifs de mon opinion.

CHAPITRE III.

Avantages de l'éducation publique sur la domestique.

L E premier de ces avantages est *la salubrité du lieu où la jeunesse peut recevoir ses instructions.* Dans l'éducation domestique, l'enfant habite la maison, paternelle ; et cette maison, dans les grandes villes , est souvent petite et mal-saine. Dans l'éducation publique, au contraire, cette maison, édifiée à la campagne, peut être bien aérée. Son vaste emplacement permet à la jeunesse tous les exercices propres à fortifier son corps et sa santé.

Le second avantage est *la rigidité de la regle.* La regle n'est jamais aussi exactement observée dans la maison paternelle que dans une maison d'instruction publique. Tout dans un college est soumis à l'heure. L'horloge y commande aux maîtres, aux domestiques; elle y fixe la durée des repas, des études, et des récréations; l'horloge y maintient l'ordre. Sans ordre, point d'études suivies. L'ordre alonge les jours; le désordre les raccourcit.

Le troisieme avantage est *l'émulation qu'elle inspire*. Les principaux moteurs de la premiere jeunesse sont la crainte et l'émulation. L'émulation est produite par la comparaison qu'on fait de soi avec un grand nombre d'autres. De tous les moyens d'exciter l'amour des talents et des vertus, ce dernier est le plus sûr. Or, l'enfant n'est point, dans la maison paternelle, à portée de faire cette comparaison, et son instruction en est d'autant moins bonne.

Le quatrieme avantage est *l'intelligence des instituteurs*. Parmi les hommes, par conséquent parmi les peres, il en est de stupides et d'éclairés. Les premiers ne savent quelle instruction donner à leurs fils. Les seconds le savent; mais ils ignorent la maniere dont ils doivent leur présenter leurs idées pour leur en faciliter la conception : c'est une connoissance pratique qui, bientôt acquise dans les colleges, soit par sa propre expérience, soit par une expérience traditionnelle, manque souvent aux peres les plus instruits.

Le cinquieme avantage de l'éducation publique est *sa fermeté*. L'instruction domestique est rarement mâle et courageuse. Les parents, uniquement occupés de la conservation physique de l'enfant, craignent de le chagriner; ils cedent à toutes ses fantaisies, et donnent à cette lâche complaisance le titre d'amour paternel (a).

Tels sont les divers moyens qui feront toujours préférer l'instruction publique à l'instruction particuliere. La premiere est la seule dont on puisse attendre des patriotes. Elle seule peut lier fortement dans la mémoire des citoyens l'idée du bonheur personnel à celle du bonheur national. Je

(a) Point de mere qui ne prétende aimer éperdument son fils. Mais, par ce mot *aimer*, si l'on entend s'occuper du bonheur de ce fils, et par conséquent de son instruction, presque aucune qu'on ne puisse accuser d'indifférence. Le degré d'intérêt mis à telle ou telle chose doit toujours se mesurer sur le degré de peine prise pour s'en instruire.

ne m'étendrai pas davantage sur ce sujet.

Mais, avant d'aller plus loin, il faut, je pense, faire connoître au lecteur quelles sont les diverses parties de l'instruction sur lesquelles le législateur doit porter sa principale attention. Je distinguerai à cet effet deux sortes d'éducations ; l'une physique, l'autre morale.

CHAPITRE IV.

Idée générale sur l'éducation physique.

L'objet de cette espece d'éducation est de rendre l'homme plus fort, plus robuste, plus sain, par conséquent plus heureux, plus généralement utile à sa patrie, c'est-à-dire

plus propre aux divers emplois auxquels peut l'appeler l'intérêt national.

Convaincus de l'importance de l'é-
ducation physique, les Grecs hono-
roient la gymnastique (4); elle faisoit
partie de l'instruction de leur jeunesse.
Ils l'employoient dans leur médecine,
non seulement comme un remede
préservatif, mais encore comme un
spécifique pour fortifier tel ou tel
membre affoibli par une maladie ou
un accident.

Si l'éducation physique est négligée
chez presque tous les peuples euro-
péens, ce n'est pas que les gouvernements s'opposent directement à la
perfection de cette partie de l'éducation; mais ces exercices, passés de
mode, n'y sont plus encouragés.

Point de loi qui dans les colleges
défende la construction d'une arene
où les éleves d'un certain âge pour-

8.

roient s'exercer à la lutte, à la course,
au saut, apprendroient à voltiger, na-
ger, jeter le ceste, soulever des poids,
etc. Or, dans cette arene, construite
à l'imitation de celle des Grecs, qu'on
décerne des prix aux vainqueurs, nul
doute que ces prix ne rallument bientôt dans la jeunesse le goût naturel
qu'elle a pour de tels jeux. Mais peut-
on à-la-fois exercer le corps et l'esprit
des jeunes gens ? Pourquoi non ? Qu'on
supprime dans les colleges ces congés
pendant lesquels l'enfant va chez ses
parents s'ennuyer ou se distraire de
ses études, et qu'on alonge ses récréations journalieres, cet enfant
pourra chaque jour consacrer sept ou
huit heures à des études sérieuses,
quatre ou cinq à des exercices plus
ou moins violents : il pourra à-la-fois
fortifier son corps et son esprit.

Le plan d'une telle éducation n'est

pas un chef-d'œuvre d'invention ; il ne s'agit pour l'exécuter que de réveiller sur cet objet l'attention des parents. Une bonne loi produiroit cet effet. C'en est assez sur la partie physique de l'éducation. Je passe à la morale ; c'est sans contredit la moins connue.

CHAPITRE V.

Dans quel moment et quelle position l'homme est susceptible d'une éducation morale.

En qualité d'animal, l'homme éprouve des besoins physiques. Ces divers besoins sont autant de génies tutélaires créés par la nature pour conserver son corps, pour éclairer son esprit. C'est du chaud, du froid, de la soif, de la faim, qu'il apprend à courber l'arc, à décocher la fleche, à tendre le filet, à se couvrir de peaux, à construire des huttes, etc. Tant que les individus épars dans les forêts continuent de les habiter, il n'est point pour eux d'éducation morale. Les vertus de l'homme policé sont l'amour de la justice et de la patrie : celles de l'homme sauvage sont la force et l'adresse ; ses besoins sont ses seuls instituteurs, ce sont les seuls conservateurs de l'espece, et cette conservation semble être le seul vœu de la nature.

Lorsque les hommes, multipliés, sont réunis en société, lorsque la disette des vivres les force de cultiver la terre, ils font entre eux des conventions, et l'étude de ces conventions donne naissance à la science de l'éducation. Son objet est d'inspirer aux hommes l'amour des lois et des vertus sociales. Plus l'éducation est parfaite, plus les peuples sont heureux. Sur quoi j'observerai que les progrès de cette science, comme ceux de la législation, sont toujours proportionnés aux progrès de la raison humaine perfectionnée par l'expérience; expérience qui suppose toujours la réunion des hommes en société. Alors on peut les considérer sous deux aspects; 1°. comme citoyens; 2°. comme citoyens de telle ou telle profession. En ces deux qualités ils reçoivent deux sortes d'instructions. La plus perfectionnée est la derniere. J'aurai peu de chose à dire à ce sujet; et c'est la raison pour laquelle j'en ferai le premier objet de mon examen.

CHAPITRE VI.

De l'éducation relative aux diverses professions.

DESIRE-T-ON d'instruire un jeune homme dans telle ou telle science? les mêmes moyens d'instruction se présentent à tous les esprits. Je veux faire de mon fils un Tartini (a), je lui fais apprendre la musique, je tâche de l'y rendre sensible, je place dès sa premiere jeunesse sa main sur le manche du violon. Voilà ce qu'on fait, et c'est à-peu-près ce qu'on peut faire. Les progrès plus ou moins rápides de l'enfant dépendent ensuite de l'habileté du maître, de sa méthode meilleure ou moins bonne d'enseigner,

---

(a) Célebre violon d'Italie.

enfin du goût plus ou moins vif que l'éleve prend pour son instrument.

Qu'un danseur de corde destine ses fils à son métier : si dès leur plus tendre enfance il exerce la souplesse de leurs corps, il leur a donné la meilleure éducation possible.

S'agit-il d'un art plus difficile ? veut-on former un peintre ? du moment qu'il peut tenir le crayon, on le lui met à la main. On le fait d'abord dessiner d'après les estampes les plus correctes, puis d'après la bosse, enfin d'après les plus beaux modeles. On charge de plus sa mémoire des grandes et sublimes images répandues dans les poëmes des Virgile, des Homere, des Milton, etc. ; l'on met sous ses yeux les tableaux des Raphaël, des Guide, des Correge ; on lui en fait remarquer les beautés diverses. Il étudie successivement dans ces tableaux

la magie du dessin, de la composi-
tion, du coloris, etc. ; l'on excite enfin
son émulation par le récit des honneurs rendus aux peintres célebres.
C'est tout ce qu'une excellente éducation peut en faveur d'un jeune peintre. C'est au desir plus ou moins vif
de s'illustrer qu'il doit ensuite ses
progrès. Or, le hasard influe beaucoup
sur la force de ce desir. Une louange
donnée au moment que l'éleve crayon-
ne un trait hardi suffit quelquefois
pour éveiller en lui l'amour de la
gloire, et le douer de cette opiniâtreté
d'attention qui produit les grands talents.

Point d'homme qui ne soit sensible
au plaisir physique. Tous peuvent donc
aimer la gloire, du moins dans les
pays où cette gloire est représentative
de quelque plaisir réel. Mais la force
plus ou moins grande de cette passion

èst toujours dépendante de certaines circonstances, de certaines positions, enfin de ce même hasard qui préside, comme je l'ai prouvé section II, à toutes nos découvertes. Le hasard a donc toujours part à la formation des hommes illustres.

Ce que peut une excellente éducation, c'est de multiplier le nombre des gens de génie dans une nation; c'est d'inoculer, si je l'ose dire, le bon sens au reste des citoyens. Voilà ce qu'elle peut, et c'est assez. Cette inoculation en vaut bien une autre.

Le résultat de ce que je viens de dire, c'est que la partie de l'instruction spécialement applicable aux états et professions différentes est en général assez bonne ; c'est que, pour la porter à la perfection, il ne s'agit, d'une part, que de simplifier les méthodes d'enseigner, et c'est l'affaire

des maîtres ; et de l'autre, d'augmen-
ter le ressort de l'émulation, et c'est
l'affaire du gouvernement.

Quant à la partie morale de l'éducation, c'est sans contredit la partie la
plus importante et la plus négligée.
Point d'écoles publiques où l'on enseigne la science de la morale. Qu'ap-
prend-on au collège depuis la troisieme jusqu'en rhétorique ? A faire
des vers latins. Quel temps y consacre-
t-on à l'étude de ce qu'on appelle l'é-
thique ou la morale ? A peine un mois.
Faut-il s'étonner ensuite si l'on rencontre si peu d'hommes vertueux, si
peu d'hommes instruits de leurs devoirs envers la société (a) ?

(a) Pourquoi, en donnant une nouvelle
forme au gouvernement civil de M. Locke,
ne pas expliquer aux jeunes gens ce livre
où sont contenus une partie des bons
principes de la morale ?

Au reste, je suppose que dans une maison d'instruction publique on se propose de donner aux éleves un cours de morale, que faut-il à cet effet? Que les maximes de cette science, toujours fixes et déterminées, se rapportent à un principe simple, et duquel on puisse, comme en géométrie, déduire une infinité de principes secondaires. Ce principe n'est point encore connu. La morale n'est donc point encore une science; car on n'honorera pas de ce nom un ramas de préceptes incohérents et contradictoires entre eux (a). En eût-on enfin découvert le principe fondamental, on doit sentir que l'intérêt du prêtre s'opposera toujours à sa publication, et qu'en tout pays

(a) La sorbonne, comme l'église, se prétend infaillible et immuable. A quoi reconnoît-on son immuabilité? A sa constance à contredire toute idée nouvelle.

on pourra toujours dire : *Point de docteurs, ou point de vraie morale.* En Italie, en Portugal, ce n'est ni de religion ni de superstition que l'on manque.

CHAPITRE VII.

De l'éducation morale de l'homme.

S'IL est peu de bons patriotes, peu de citoyens toujours équitables, pourquoi ? C'est qu'on n'éleve point les hommes pour être justes ; c'est que pour être juste il faut être éclairé, et qu'on obscurcit dans l'enfant jusqu'aux notions les plus claires de la loi naturelle.

A l'aide d'un catéchisme religieux, si l'on grave dans la mémoire d'un enfant les préceptes de la croyance souvent la plus ridicule, ne peut-on, à l'aide d'un catéchisme moral, y graver les préceptes et les principes d'une équité dont l'expérience journalière lui prouveroit à-la-fois l'utilité et la vérité?

Du moment où l'on distingue le plaisir de la douleur, du moment où l'on a reçu et fait du mal, on a déja quelque notion de la justice. Pour s'en former les idées les plus claires et les plus précises, que faire? Se demander

Qu'est-ce que l'homme?

R. Un animal, dit-on, raisonnable, mais certainement sensible, foible, et propre à se multiplier.

D. En qualité de sensible, que doit faire l'homme?

R. Fuir la douleur, chercher le plaisir. C'est à cette recherche, c'est à cette fuite constante, qu'on donne le nom d'amour de soi.

D. En qualité d'animal foible, que doit-il faire encore?

R. Se réunir à d'autres hommes, soit pour se défendre contre les animaux plus forts que lui, soit pour s'assurer une subsistance que les bêtes lui disputent, soit enfin pour surprendre celles qui lui servent de nourriture. De là toutes les conventions relatives à la chasse et à la pêche (a).

D. En qualité d'animal propre à se reproduire, qu'arrive-t-il à l'homme?

(a) Qui veut connoître les vrais principes de la morale doit s'élever jusqu'au principe de la sensibilité physique, et chercher dans les besoins de la faim, de la soif, etc., la cause qui force les hommes déja multipliés de cultiver la terre, de se réunir en société, et de faire entre eux des conventions dont l'observation ou l'infraction fait les hommes justes ou injustes.

R. Que les moyens de sa subsistance diminuent à mesure que son espece se multiplie.

D. Que doit-il faire en conséquence ?

R. Lorsque les lacs et les forêts sont épuisés de poissons et de gibier, il doit chercher de nouveaux moyens de pourvoir à sa nourriture.

D. Quels sont ces moyens ?

R. Ils se réduisent à deux. Lorsque les citoyens sont encore peu nombreux, ils élevent des bestiaux ; et les peuples alors sont pasteurs. Lorsque les citoyens se sont infiniment multipliés, et qu'ils doivent, dans un moindre espace de terrain, trouver de quoi fournir à leur nourriture, ils labourent, et les peuples sont alors agriculteurs.

D. Que suppose la culture perfectionnée de la terre ?

R. Des hommes déja réunis en sociétés ou bourgades, et des conventions faites entre eux.

D. Quel est l'objet de ces conventions?

R. D'assurer le bœuf à celui qui le nourrit, et la récolte du champ à celui qui le défriche.

D. Qui détermine l'homme à ces conventions?

R. Son intérêt et sa prévoyance. S'il étoit un citoyen qui pût enlever la récolte de celui qui seme et laboure, personne ne laboureroit et ne semeroit; et, l'année suivante, la bourgade seroit exposée aux horreurs de la disette et de la famine.

D. Que suit-il de la nécessité de la culture?

R. La nécessité de la propriété.

D. A quoi s'étendent les conventions de la propriété?

R. A celle de ma personne, de mes pensées, de ma vie, de ma liberté, de mes biens.

D. Les conventions de la propriété une fois établies, qu'en résulte-t-il?

R. Des peines contre ceux qui les violent, c'est-à-dire contre les voleurs, les meurtriers, les fanatiques, et les tyrans. Abolit-on ces peines? alors toute convention entre les hommes est nulle. Qu'un d'eux puisse impunément attenter à la propriété des autres, de ce moment les hommes rentrent en état de guerre; toute société entre eux est dissoute; ils doivent se fuir comme ils fuient les lions et les tigres.

D. Est-il des peines établies dans les pays policés contre les infracteurs du droit de propriété?

R. Oui, du moins dans tous ceux où les biens ne sont pas en com‑

mun`(5), c'est-à-dire chez presque toutes les nations.

D. Qui rend ce droit de propriété si sacré? et par quelle raison, sous le nom de *Terme*, en a-t-on presque par-tout fait un dieu?

R. C'est que la conservation de la propriété est le dieu moral des empires; c'est qu'elle y entretient la paix domestique, y fait régner l'équité; c'est que les hommes ne se sont rassemblés que pour s'assurer de leurs propriétés; c'est que la justice, qui renferme en elle seule presque toutes les vertus, consiste à rendre à chacun ce qui lui appartient, se réduit par conséquent au maintien de ce droit de la propriété; et qu'enfin les diverses lois n'ont jamais été que les divers moyens d'assurer ce droit aux citoyens.

D. Mais la pensée doit-elle être

comprise au nombre des propriétés?
et qu'entend-on alors par ce mot?

R. Le droit, par exemple, de rendre à Dieu le culte que je crois lui devoir être plus agréable. Quiconque me dépouille de ce droit viole ma propriété ; et, quel que soit son rang, il est punissable.

D. Est-il des cas où le prince puisse s'opposer à l'établissement d'une religion nouvelle?

R. Oui , lorsqu'elle est intolérante.

D. Qui l'y autorise alors ?

R. La sûreté publique. Il sait que cette religion , devenue la dominante, deviendra persécutrice. Or, le prince, chargé du bonheur de ses sujets, doit s'opposer aux progrès d'une telle religion.

D. Mais pourquoi citer la justice comme le germe de toutes les vertus ?

R. C'est que, du moment où, pour assurer leur bonheur, les hommes se rassemblent en société, il est de la justice que chacun, par sa douceur, son humanité et ses vertus, contribue autant qu'il est en lui à la félicité de cette même société.

D. Je suppose les lois d'une nation dictées par l'équité : quels moyens de les faire observer, et d'allumer dans les ames l'amour de la patrie?

R. Ces moyens sont les peines infligées aux crimes, et les récompenses décernées aux vertus.

D. Quelles sont les récompenses de la vertu?

R. Les titres, les honneurs, l'estime publique, et tous les plaisirs dont cette estime est représentative.

D. Quelles sont les peines du crime?

R. Quelquefois la mort, souvent la honte, compagne du mépris.

D. Le mépris est-il une peine ?

R. Oui, du moins dans les pays libres et bien administrés. Dans un tel pays le supplice du mépris public est cruel et redouté ; il suffit pour contenir les grands dans le devoir. La crainte du mépris les rend justes, actifs, laborieux.

D. La justice doit sans doute régir les empires ; elle y doit régner par les lois : mais les lois sont-elles toutes de même nature ?

R. Non. Il en est, pour ainsi dire, d'invariables, sans lesquelles la société ne peut subsister, ou du moins subsister heureusement ; telles sont les lois fondamentales de la propriété.

D. Est-il quelquefois permis de les enfreindre ?

R. Non, si ce n'est dans les positions rares où il s'agit du salut de la patrie.

D. Qui donne alors le droit de les violer?

R. L'intérêt général, qui ne reconnoît qu'une loi unique et inviolable :

Salus populi suprema lex esto.

D. Toutes les lois doivent-elles se taire devant celle-ci?

R. Oui. Que des Turcs armés marchent à Vienne; le législateur, pour les affamer, peut violer un moment le droit de propriété, faucher la récolte de ses compatriotes, et brûler leurs greniers, s'ils sont près de l'ennemi.

D. Les lois sont-elles si sacrées qu'on ne puisse jamais les réformer?

R. On le doit lorsqu'elles sont contraires au bonheur du plus grand nombre.

D. Mais toute proposition de réforme n'est-elle pas souvent regardée dans un citoyen comme une témérité punissable ?

R. J'en conviens. Cependant, si l'homme doit la vérité à l'homme, si la connoissance de la vérité est toujours utile, si tout intéressé a droit de proposer ce qu'il croit être avantageux à sa compagnie, tout citoyen, par la même raison, a le droit de proposer à sa nation ce qu'il croit pouvoir contribuer à la félicité générale.

D. Pourquoi donc est-il des pays où l'on proscrit la liberté de la presse ; et jusqu'à celle de penser ?

R. C'est qu'on imagine pouvoir plus facilement voler l'aveugle que le clairvoyant, et duper un peuple idiot qu'un peuple éclairé. Dans toute grande nation il est toujours des intéressés à la misere publique. Ceux-là seuls nient aux citoyens le droit d'avertir leurs compatriotes des malheurs auxquels souvent une mauvaise loi les expose.

D. Pourquoi, dans les sociétés encore petites et naissantes, les lois y sont-elles presque toujours justes et sages ?

R. C'est que les lois s'y font du consentement et par conséquent pour l'utilité de tous ; c'est que les citoyens, encore peu nombreux, ne peuvent y former des associations particulieres contre l'association générale, ni détacher encore leur intérêt de l'intérêt public.

D. Pourquoi les lois y sont-elles si religieusement observées ?

R. C'est qu'alors nul citoyen n'est plus fort que les lois ; c'est que son bonheur est attaché à leur observation, et son malheur à leur infraction.

D. Entre les diverses lois, n'en

est-il point auxquelles on donne le nom de lois naturelles?

R. Ce sont celles, comme je l'ai déja dit, qui concernent la propriété, qu'on trouve établies chez presque toutes les nations et les sociétés policées, parceque les sociétés ne peuvent se former qu'à l'aide de ces lois.

D. Est-il encore d'autres lois?

R. Oui, il en est de variables, et ces lois sont de deux especes. Les unes variables par leur nature; telles sont celles qui regardent le commerce, la discipline militaire, les impôts, etc. ; elles peuvent et doivent se changer selon les temps et les circonstances. Les autres, immuables de leur nature, sont variables, parcequ'elles ne sont point encore portées à leur perfection. Dans ce nombre je citerai les lois civiles et criminelles, celles qui

10.

regardent l'administration des finan-
ces, le partage des biens, les testa-
ments (6), les mariages (7), etc.

D. L'imperfection de ces lois est-
elle uniquement l'effet de la paresse
et de l'indifférence des législateurs ?

R. D'autres causes y concourent ; le
fanatisme, la superstition, et la conquête.

D. Si les lois établies par l'une de
ces causes sont favorables aux frippons, que s'ensuit-il ?

R. Qu'elles sont protégées par ces
mêmes frippons.

D. Les vertueux, par la raison contraire, ne doivent-ils pas en desirer
l'abolition ?

R. Oui : mais les vertueux sont en
petit nombre ; ils ne sont pas toujours
les plus puissants. Les mauvaises lois,
en conséquence, ne sont point abolies,
et peuvent rarement l'être.

D. Pourquoi ?

R. C'est qu'il faut du génie pour substituer de bonnes lois à de mauvaises, et qu'il faut ensuite du courage pour les faire recevoir. Or, dans presque tous les pays, les grands n'ont ni le génie nécessaire pour faire de bonnes lois, ni le courage suffisant pour les établir et braver le cri des mal-intentionnés. Si l'homme aime à régir les autres hommes, c'est toujours avec le moins de peine et de soin possible.

D. En supposant dans un prince le désir de perfectionner la science des lois, que doit-il faire ?

R. Encourager les hommes de génie à l'étude de cette science, et les charger d'en résoudre les divers problêmes.

D. Qu'arriveroit-il alors ?

R. Que les lois variables, encore

imparfaites, cesseroient de l'être, et deviendroient invariables et sacrées.

D. Pourquoi sacrées?

R. C'est que d'excellentes lois, nécessairement l'œuvre de l'expérience et d'une raison éclairée, sont censées révélées par le ciel lui-même; c'est que l'observation de telles lois peut être regardée comme le culte le plus agréable à la Divinité, et comme la seule vraie religion; religion que nulle puissance, et Dieu lui-même, ne peut abolir, parceque le mal répugne à sa nature.

D. Les rois, à cet égard, n'ont-ils pas été quelquefois plus puissants que les dieux?

R. Parmi les princes, il en est sans doute qui, violant les droits les plus saints de la propriété, ont attenté aux biens, à la vie, à la liberté de leurs sujets. Ils reçurent du ciel la puissance, et non le droit de nuire. Ce droit ne fut conféré à personne. Peut-on croire qu'à l'exemple des esprits infernaux les princes soient condamnés à tourmenter leurs sujets? Quelle affreuse idée de la souveraineté! Faut-il accoutumer les peuples à ne voir qu'un ennemi dans leur monarque, et dans le sceptre que le pouvoir de nuire?

On sent par cette esquisse le degré de perfection auquel un tel catéchisme pourroit porter l'éducation du citoyen, combien il éclaireroit les sujets et le monarque sur leurs devoirs respectifs, et quelles idées saines enfin il leur donneroit de la morale.

Réduit-on au simple fait de la sensibilité physique le principe fondamental de la science des mœurs? cette science devient à la portée des hommes de tout âge et de tout esprit. Tous peuvent en avoir la même idée.

Du moment où l'on regarde cette sensibilité physique comme le premier principe de la morale, ses maximes cessent d'être contradictoires; ses axiômes, enchaînés les uns aux autres, supportent la démonstration la plus rigoureuse; ses principes enfin, dégagés des ténebres d'une philosophie spéculative, sont clairs, et d'autant plus généralement adoptés, qu'ils découvrent plus sensiblement aux citoyens l'intérêt qu'ils ont d'être vertueux (8).

Quiconque s'est élevé à ce premier principe voit, si je l'ose dire, du premier coup-d'œil tous les défauts d'une législation; il sait si la digue opposée par les lois aux passions contraires au bien public est assez forte pour en soutenir l'effort; si la loi punit et récompense dans cette juste proportion qui doit nécessiter les hommes à la vertu. Il n'apperçoit enfin dans

cet axiôme tant vanté de la morale
actuelle,

Ne fais pas à autrui ce que tu ne
voudrois pas qui te fût fait,

qu'une maxime secondaire, domestique, et toujours insuffisante pour
éclairer les citoyens sur ce qu'ils doivent à leur patrie. Il substitue bientôt à
cet axiôme celui qui déclare

Le bien public la suprême loi;

axiôme qui, renfermant d'une maniere plus générale et plus nette tout
ce que le premier a d'utile, est applicable à toutes les positions différentes
où peut se trouver un citoyen, et con-
vient également au bourgeois, au
juge, au ministre, etc. C'est, si je
l'ose dire, de la hauteur d'un tel principe que, descendant jusqu'aux conventions locales qui forment le droit

coutumier de chaque peuple, chacun s'instruiroit plus particulièrement de l'espece de ses engagements, de la sagesse ou de la folie des usages, des lois, des coutumes de son pays, et pourroit en porter un jugement d'autant plus sain qu'il auroit plus habituellement présents à l'esprit les grands principes à la balance desquels on pese la sagesse et l'équité même des lois.

On peut donc donner à la jeunesse des idées nettes et saines de la morale; à l'aide d'un catéchisme de probité, on peut donc porter cette partie de l'éducation au plus haut degré de perfection. Mais que d'obstacles à surmonter!

CHAPITRE VIII.

Intérêt du prêtre, premier obstacle à la perfection de l'éducation morale de l'homme.

Nous avons vu que l'intérêt du clergé, comme celui de tous les corps, change selon les lieux, les temps et les circonstances. Toute morale dont les principes sont fixes ne sera donc jamais adoptée du sacerdoce. Il en veut une dont les préceptes, obscurs, contradictoires, et par conséquent variables, se prêtent à toutes les positions diverses dans lesquelles il peut se trouver.

Il faut au prêtre une morale arbitraire, qui lui permette de légitimer aujourd'hui l'action qu'il déclarera demain abominable.

On ne trouve de bonnes instructions que dans l'histoire de l'homme, dans celle des nations, de leurs lois, et des motifs qui les ont fait établir. Ce n'est pas dans de pareilles sources que le clergé permet de puiser les principes de la justice. Il sent qu'éclairés par cette étude les peuples mesureroient l'estime ou le mépris dû aux diverses actions sur l'échelle de l'utilité générale. Et quel respect alors auroient-ils pour les bonzes, les bramines, et leur prétendue sainteté? Que feroient leurs macérations, leur haire, leur aveugle obéissance, et toutes ces vertus monacales qui ne contribuent en rien au bonheur national? Il n'en est pas de même des vertus d'un citoyen, c'est-à-dire de la générosité, de la vérité, de la justice, de la fidélité à l'amitié, à sa parole, aux engagements pris avec la société dans laquelle on vit:

de telles vertus sont vraiment utiles. Aussi nulle ressemblance entre un saint et un citoyen vertueux (a).

Le clergé, pour qu'on le croie utile, prétendroit-il que c'est à ses prieres que les hommes doivent leur probité (b)?

(a) On peut être religieux sous un gouvernement arbitraire, mais non vertueux, parceque le gouvernement, en détachant l'intérêt des particuliers de l'intérêt public, éteint dans l'homme l'amour de la patrie. Rien, par conséquent, de commun entre la religion et la vertu.

(b) Que l'on quadruple les prêtres dans une province et les maréchaussées dans l'autre, quelle sera la moins infestée de voleurs? Dix millions de dépense par an en cavaliers contiendront plus de frippons et de scélérats que cent cinquante millions par an en prêtres. Quelle épargne à faire pour une nation! Quelle compagnie multipliée de brigands aussi à charge à l'état que tout un clergé?

L'expérience prouve que la probité de l'homme est l'œuvre de son éducation, que le peuple est ce que le fait la sagesse de ses lois, que l'Italie moderne a plus de foi et moins de vertus que l'ancienne, et qu'enfin c'est toujours au vice de l'administration qu'on doit rapporter les vices des particuliers.

C'est à l'aide d'un catéchisme moral, c'est en y rappelant à la mémoire des hommes et les motifs de leur réunion en société, et leurs conventions simples et primitives, qu'on pourroit leur donner des idées nettes de l'équité. Mais plus ce catéchisme seroit clair, plus la publication en seroit défendue. Ce catéchisme supposeroit pour instituteurs de la jeunesse des hommes instruits dans la connoissance du droit naturel, du droit des gens, et des principales lois de chaque empire. De tels hommes transporteroient bientôt à la puissance temporelle la vénération conçue pour la spirituelle. Les prêtres le souffriront-ils ?

CHAPITRE IX.

Imperfection de la plupart des gouvernements, second obstacle à la perfection de l'éducation morale de l'homme.

UNE mauvaise forme de gouvernement est celle où les intérêts des citoyens sont divisés et contraires, où la loi ne les force point également de concourir au bien général. Or, quels préceptes honnêtes en ces pays donner aux citoyens, et quel moyen de les graver profondément dans leur mémoire ?

11.

Je l'ai déja dit, l'homme reçoit deux éducations : celle de l'enfance ; elle est donnée par les maîtres : celle de l'adolescence ; elle est donnée par la forme du gouvernement où l'on vit, et les mœurs de sa nation. Les préceptes de ces deux parties de l'éducation sont-ils contradictoires ? ceux de la premiere sont nuls.

Ai-je dès l'enfance inspiré à mon fils l'amour de la patrie ? l'ai-je forcé d'attacher son bonheur à la pratique des actions vertueuses, c'est-à-dire des actions utiles au plus grand nombre ? si ce fils, à sa premiere entrée dans le monde, voit les patriotes languir dans le mépris, la misere et l'oppression ; s'il apprend que, haïs des grands et des riches, les hommes vertueux, tarés à la ville, sont encore bannis de la cour, c'est-à-dire de la source des graces, des honneurs et des richesses, qui sans contredit sont des biens réels, il y a cent à parier contre un que mon fils ne verra dans moi qu'un radoteur absurde, qu'un fanatique austere, qu'il méprisera ma personne, que son mépris pour moi réfléchira sur mes maximes, et qu'il s'abandonnera à tous les vices que favorisent la forme du gouvernement et les mœurs de ses compatriotes.

Qu'au contraire les préceptes donnés à son enfance lui soient rappelés dans l'adolescence, et qu'à son entrée dans le monde un jeune homme y voie les maximes de ses maîtres honorées de l'approbation publique; plein de respect pour ces maximes, elles deviendront la regle de sa conduite; il sera vertueux.

En Turquie, toujours en crainte, toujours exposé à la violence, un citoyen peut-il aimer la vertu et la pa-

trie ? S'il est sans cesse obligé de re-
pousser la force par la force pour assurer son bonheur, peu lui importe
d'être juste, il lui suffit d'être fort.
Or, dans un gouvernement arbitraire,
quel est le fort ? Celui qui plaît aux
despotes et aux sous-despotes. Leur
faveur est une puissance. Pour l'ob-
tenir rien ne coûte. L'acquiert-on par
la bassesse, le mensonge et l'injustice ?
on est bas, menteur et injuste. L'homme franc et loyal, déplacé dans un
tel gouvernement, y seroit empalé
avant la fin de l'année. S'il n'est point
d'homme qui ne redoute la douleur et
la mort, tout scélérat peut toujours
en ce pays justifier la conduite la plus
infâme.

Des besoins mutuels ont forcé les
hommes à se réunir en société. S'ils
ont fondé des villes, c'est qu'ils ont
trouvé plus d'avantage à se rassembler

qu'à s'isoler. Le desir du bonheur a donc été le seul principe de leur union. Or, ce même motif doit forcer de se livrer au vice, lorsque, par la forme du gouvernement, les richesses, les honneurs et la félicité en sont les récompenses.

Quelque insensible qu'on soit à l'amour des richesses et des grandeurs, il faut, dans tout pays où la loi impuissante ne peut efficacement protéger le foible contre le fort, où l'on ne voit que des oppresseurs et des opprimés, des bourreaux et des pendus, qu'on recherche les richesses et les places, sinon comme un moyen de faire des injustices, au moins comme un moyen de se soustraire à l'oppression.

Mais il est des gouvernements arbitraires où l'on prodigue encore des éloges à la modération des sages et des héros anciens ; où l'on vante leur désintéressement , l'élévation et la magnanimité de leur ame. Soit ; mais ces vertus y sont passées de mode. La louange des hommes magnanimes est dans la bouche de tous, et dans le cœur d'aucun ; personne n'est dans sa conduite la dupe de pareils éloges.

A quoi se réduisent dans un gouvernement despotique les conseils d'un pere à son fils ? A cette phrase effrayante : « Mon fils, sois bas, ram-
« pant, sans vertus, sans vices, sans
« talents, sans caractere ; sois ce que
« la cour veut que tu sois ; et chaque
« instant de la vie souviens-toi que
« tu es esclave. »

Je veux qu'un Lacédémonien eût, du temps de Xerxès , été nommé instituteur d'un seigneur persan ; que fût-il arrivé ? Qu'élevé dans les prin-

cipes du patriotisme et d'une frugalité austere, le jeune homme, odieux à ses compatriotes, eût, par sa probité mâle et courageuse, mis des obstacles à sa fortune. « Ô Grec trop dure-
« ment vertueux, se fût alors écrié le
« pere, qu'as-tu fait de mon fils?
« tu l'as perdu. Je desirois en lui
« cette médiocrité d'esprit, ces vertus
« molles et flexibles auxquelles on
« donne en Perse les noms de sa-
« gesse, d'esprit de conduite, d'usage
« du monde, etc. Ce sont de beaux
« noms, diras-tu, sous lesquels la
« Perse déguise les vices accrédités
« dans son gouvernement. Soit. Je
« voulois le bonheur et la fortune de
« mon fils. Son indigence ou sa ri-
« chesse, sa vie ou sa mort, dépend du
« prince; tu le sais : il falloit donc en
« faire un courtisan adroit; et tu n'en
« as fait qu'un héros et un homme

« vertueux ». Tel eût été le discours du pere. Qu'y répondre? Quelle plus grande folie, eussent ajouté les prudents du pays, que de donner l'éducation honnête et magnanime à l'homme destiné par la forme du gouvernement à n'être qu'un courtisan vil et un scélérat obscur?

Il s'ensuit donc qu'en tout pays où la vertu est odieuse au puissant il est également inutile et fou de prétendre à la formation de citoyens honnêtes.

CHAPITRE X.

Toute réforme importante dans la partie morale de l'éducation en suppose une dans les lois et la forme du gouvernement.

PROPOSE-T-ON dans un gouvernement vicieux un bon plan d'éducation? les préceptes de cette éducation nouvelle sont-ils en contradiction avec les mœurs et le gouvernement? ils sont toujours réputés mauvais. En quel moment seroit-il adopté? Lorsqu'un peuple éprouve de grands malheurs, de grandes calamités, et qu'un concours heureux et singulier de circonstances fait sentir au prince la nécessité d'une réforme.

Quelques hommes illustres ont jeté

12.   12

de grandes lumieres sur ce sujet, et l'éducation est toujours la même. Pourquoi ? C'est qu'il suffit d'être éclairé pour concevoir un bon plan d'instruction, et qu'il faut être puissant pour l'établir. Qu'on ne s'étonne donc pas si dans ce genre les meilleurs ouvrages n'ont point encore opéré de changement sensible. Mais ces ouvrages doivent-ils, en conséquence, être regardés comme inutiles ? Non. Ils ont réellement avancé la science de l'éducation. Un méchanicien invente une machine nouvelle. En a-t-il calculé les effets et prouvé l'utilité ? la science est perfectionnée. La machine n'est point faite : elle n'est encore d'aucun avantage au public ; mais elle est découverte : il ne s'agit que de trouver le riche qui la fasse construire ; et tôt ou tard ce riche se trouve.

Qu'une idée si flatteuse encourage

les philosophes à l'étude de la science de l'éducation. S'il est une recherche digne d'un citoyen vertueux, c'est celle des vérités dont la connoissance peut être un jour si utile à l'humanité. Quel espoir consolant dans ses travaux que celui du bonheur de la postérité! Les découvertes en ce genre sont comme autant de germes qui, déposés dans les bons esprits, n'attendent qu'un évènement qui les féconde ; et tôt ou tard cet évènement arrive.

L'univers moral est, aux yeux du stupide, dans un état constant de repos et d'immobilité; il croit que tout a été, est et sera comme il est: dans le passé et l'avenir il ne voit jamais que le présent. Il n'en est pas ainsi de l'homme éclairé; le monde moral lui présente le spectacle toujours varié d'une révolution perpétuelle ; l'univers toujours en mouvement lui paroît forcé de se reproduire sans cesse sous des formes nouvelles, jusqu'à l'épuisement total de toutes les combinaisons, jusqu'à ce que tout ce qui peut être ait été, et que l'imaginable ait existé.

Le philosophe apperçoit donc dans un plus ou moins grand lointain le moment où la puissance adoptera le plan d'instruction présenté par la sagesse. Qu'excité par cet espoir le philosophe s'occupe d'avance à saper les préjugés qui s'opposent à l'exécution de ce plan,

Veut-on élever un magnifique monument? il faut, avant d'en jeter les fondements, faire choix de la place, abattre les masures qui la couvrent, en enlever les décombres. Tel est l'ouvrage de la philosophie. Qu'on ne l'accuse plus de rien édifier (a).

(a) On a dit long-temps des philosophes

C'est elle qui maintenant substitue une morale claire, saine, et puisée dans les besoins mêmes de l'homme, à cette morale obscure, monacale et

qu'ils détruisoient tout, qu'ils n'édifioient rien. Que signifie ce reproche? Ces Hercules modernes n'eussent-ils étouffé que des erreurs monstrueuses, ils eussent encore bien mérité de l'humanité. L'accusation portée contre eux à cet égard est l'effet du *besoin qu'en général les hommes ont de croire* soit des vérités soit des mensonges. C'est dans la premiere jeunesse qu'on leur fait contracter ce besoin, qui devient ensuite en eux une faculté toujours avide de pâture. Un philosophe brise-t-il une erreur? on est toujours prêt à lui dire: Par quelle autre la remplacerez-vous? Il me semble entendre un malade demander à son médecin: Monsieur, lorsque vous m'aurez guéri de ma fievre, quelle autre incommodité y substituerez-vous?

12.

fanatique, fléau de l'univers présent
et passé. C'est à elle qu'on doit cet
unique et premier axiôme de la morale ,

Que le bonheur public soit la su-
préme loi.

Peu de gouvernements sans doute
se conduisent par cette maxime ; mais
doit-on en imputer la faute aux philosophes ? ce seroit leur faire un crime
de leur impuissance. Quand l'architecte a donné le plan, le devis et la
coupe du palais, il a rempli sa tâche :
c'est à l'état d'acheter le terrain et de
fournir les fonds nécessaires à sa construction. L'architecte de l'édifice moral c'est le philosophe. Le plan est fait.
Qu'on leve les obstacles qu'une stupidité religieuse ou tyrannique met aux
progrès de la morale, c'est alors qu'on
pourra se flatter de porter la science

de l'éducation au degré de perfection
dont elle est susceptible.

CHAPITRE XI.

De l'instruction, après qu'on auroit
levé les obstacles qui s'opposent à
ses progrès.

LES honneurs et les récompenses
sont-ils en un pays toujours décernés
au mérite ? l'intérêt particulier y est-il
toujours lié à l'intérêt public ? l'éducation morale est nécessairement excellente, et les citoyens nécessairement vertueux.

L'homme, et l'expérience le prouve,
est de sa nature imitateur et singe.
Vit-il au milieu de citoyens honnêtes ?
il le devient. Lorsque les préceptes des
maîtres ne sont point contredits par

les mœurs nationales , lorsque les maximes et les exemples concourent également à allumer dans un homme le desir des talents et des vertus , lorsque nos concitoyens ont le vice en horreur et l'ignorance en mépris, on n'est ni sot ni méchant. L'idée de mérite s'associe dans notre mémoire à l'idée de bonheur, et l'amour de notre félicité nous nécessite à l'amour de la vertu.

Que je voie les honneurs accumulés sur ceux qui se sont rendus utiles à la patrie, que je ne rencontre par-tout que des citoyens sensés, et n'entende que des discours honnêtes, j'apprendrai, si je l'ose dire, la vertu comme on apprend sa propre langue , sans s'en appercevoir.

En tout pays , si l'on en excepte le fort, le méchant est celui que les lois et l'instruction rendent tel (9).

J'ai montré que l'excellence de l'éducation morale dépend de l'excellence du gouvernement. J'en puis dire autant de l'éducation physique. Dans toute sage constitution l'on se propose de former non seulement des citoyens vertueux, mais encore des citoyens forts et robustes. De tels hommes sont et plus heureux, et plus propres aux divers emplois auxquels l'intérêt de la république les appelle. Tout gouvernement éclairé rétablira donc les exercices de la gymnastique.

Quant à l'éducation qui consiste à créer des hommes illustres dans les arts et les sciences, il est évident que sa perfection dépend encore de la sagesse du législateur. A-t-il affranchi les instituteurs du respect superstitieux conservé pour les anciens usages? laisse-t-il un libre essor à leur génie?

les force-t-il, par l'espoir des récompenses, de perfectionner et les méthodes d'instruction (10), et le ressort
de l'émulation? il est impossible qu'encouragés par cet espoir, des maîtres
instruits, et dans l'habitude de manier
l'esprit de leurs éleves, ne parviennent
bientôt à donner à cette partie déja la
plus avancée de l'instruction tout le
degré de perfection dont elle est susceptible:

La bonne ou mauvaise éducation
est presque en entier l'œuvre des lois.
Mais, dira-t-on, que de lumieres pour
les faire bonnes! Moins qu'on ne pense.
Il suffit pour cet effet que le ministere
ait intérêt et le desir de les faire telles.
Supposons d'ailleurs qu'il manque de
connoissances ; tous les citoyens éclairés et vertueux viendront à son secours : les bonnes lois seront faites, et les obstacles qui s'opposent

aux progrès de l'instruction seront levés.

Mais ce qui sans doute est facile dans des sociétés foibles, naissantes, et dont les intérêts sont encore peu compliqués, est-il possible dans des sociétés riches, puissantes et nombreuses? Comment y contenir l'amour illimité des hommes pour le pouvoir? comment y prévenir les projets des ambitieux ligués pour s'asservir leurs compatriotes? comment enfin s'opposer toujours efficacement à l'élévation de ce pouvoir colossal et despotique qui, fondé sur le mépris des talents et de la vertu, fait languir les peuples dans l'inertie, la crainte et la misere?

Dans de trop vastes empires, il n'est peut-être qu'un moyen de résoudre d'une maniere durable le double problême d'une excellente légis-

lation et d'une parfaite éducation ;
c'est, comme je l'ai déja dit, de subdivi-
ser ces mêmes empires en un certain
nombre de républiques fédératives ,
que leur petitesse défende de l'ambition de leurs concitoyens, et leur con-
fédération de l'ambition des peuples
voisins.

Je ne m'étendrai pas davantage sur
cette question. Ce que je me suis pro-
posé dans cette section c'est de donner
des idées nettes et simples de l'éducation physique et morale ; de déterminer les diverses instructions qu'on doit
à l'homme, au citoyen, et au citoyen
de telle profession ; de désigner les
réformes à faire dans les gouvernements ; d'indiquer les obstacles qui
s'opposent maintenant aux progrès
de la science de la morale ; et de
montrer enfin que, ces obstacles levés, on auroit presque en entier

résolu le problème d'une excellente éducation.

Je finirai ce chapitre par cette observation, c'est que, pour jeter plus de lumières sur un sujet si important, il falloit connoître l'homme, déterminer l'étendue des facultés de son esprit, monter les ressorts qui le meuvent, la maniere dont ces ressorts sont mis en action, et faire enfin entrevoir au législateur de nouveaux moyens de perfectionner le grand œuvre des lois. Ai-je sur ces objets divers révélé aux hommes quelques vérités neuves et utiles? j'ai rempli ma tâche, j'ai droit à leur estime et à leur reconnoissance.

Entre une infinité de questions traitées dans cet ouvrage, une des plus importantes étoit de savoir si le génie, les vertus et les talents, auxquels les nations doivent leur gran-

13

deur et leur félicité, étoient un effet de la différence des nourritures, des tempéraments, et enfin des organes des cinq sens, sur lesquels l'excellence des lois et de l'administration n'a nulle influence; ou si ce même génie, ces mêmes vertus et ces mêmes talents, étoient l'effet de l'éducation, sur laquelle les lois et la forme du gouvernement peuvent tout.

Si j'ai prouvé la vérité de cette derniere assertion, il faut convenir que le bonheur des nations est entre leurs mains; qu'il est entièrement dépendant de l'intérêt plus ou moins vif qu'elles mettront à perfectionner la science de l'éducation.

CONCLUSION

GÉNÉRALE.

L'ESPRIT n'est que l'assemblage de nos idées. Nos idées, dit Locke, nous viennent par les sens; et de ce principe, comme des miens, on peut conclure que l'esprit n'est en nous qu'une acquisition. Le regarder comme un pur don de la nature, comme l'effet d'une organisation singuliere, sans pouvoir nommer l'organe qui le produit, c'est rappeler en philosophie les qualités occultes, c'est croire sans preuve, c'est un jugement hasardé.

L'expérience et l'histoire nous apprennent également que l'esprit est indépendant de la plus ou moins grande finesse des sens; que les hommes de constitution différente sont susceptibles des mêmes passions et des mêmes idées. Les principes de Locke, loin de contredire cette opinion, la confirment ; ils prouvent que l'éducation nous fait ce que nous sommes.; que les hommes ont entre eux d'autant plus de ressemblance que leurs instructions sont plus les mêmes ; qu'en conséquence l'Allemand ressemble plus au Français qu'à l'Asiatique, et plus à l'Allemand qu'au Français ; qu'enfin si l'esprit des hommes est très différent, c'est que l'éducation n'est la même pour aucun.

Tels sont les faits d'après lesquels j'ai composé cet ouvrage. Je le présente avec d'autant plus de confiance au public, que l'analogie de mes principes avec ceux de Locke m'assure de leur vérité. Si je voulois me ménager la protection des théologiens, j'ajouterois que ces mêmes principes sont les plus conformes aux idées qu'un chrétien doit se former de la justice de Dieu.

En effet, si l'esprit, le caractere et les passions des hommes dépendoient de l'inégale perfection de leurs organes, et que chaque individu fût une machine différente, comment la justice du ciel, ou même celle de la terre, exigeroit-elle les mêmes effets de machines dissemblables? Dieu peut-il donner à tous la même loi sans leur accorder à tous les mêmes moyens de la pratiquer? Si la probité fine et délicate est de précepte, et si cette espece de probité suppose souvent de grandes lumieres, il faut donc que tous les hommes communément bien organisés soient doués par la Divinité d'une égale aptitude à l'esprit.

13.

Qu'on n'imagine cependant pas que je veuille soutenir par des arguments théologiques la vérité de mes principes. Je ne dénonce point aux fanatiques ceux dont les opinions sur cet objet sont différentes des miennes. Les combattre avec d'autres armes que celles du raisonnement, c'est blesser par derriere l'ennemi qu'on n'ose regarder en face. L'expérience et la raison sont les seuls juges de mes principes. La vérité en fût-elle démontrée, je n'en conclurois pas que ces principes dussent être immédiatement et universellement adoptés. C'est toujours avec lenteur que la vérité se propage. Le Hongrois croit aux vampires long-temps après qu'on lui en a démontré la nonexistence. L'ancienneté d'une erreur la rend long-temps respectable. Je ne me flatte donc pas de voir les hommes ordinaires abandonner pour mes opi-

nions celles dans lesquelles ils ont été
élevés et nourris.

Que de gens, intérieurement convaincus de la fausseté d'un principe,
le soutiennent parcequ'il est généralement cru, parcequ'ils ne veulent point
lutter contre l'opinion publique ! Il est
peu d'amateurs sinceres de la vérité,
peu de gens qui s'occupent vivement
de sa recherche, et la saisissent lorsqu'on la leur présente. Pour oser s'en
déclarer l'apôtre, il faut avoir con-
centré tout son bonheur dans sa possession.

D'ailleurs à quels hommes est-il
réservé de sentir d'abord la vérité
d'une opinion nouvelle ? Au petit
nombre de jeunes gens qui, n'ayant
à leur entrée dans le monde aucune
idée arrêtée, choisissent la plus raisonnable. C'est pour eux et la postérité que le philosophe écrit. Le

philosophe seul apperçoit dans la per-
spective de l'avenir le moment où l'o-
pinion vraie, mais singuliere et peu
connue, doit devenir l'opinion générale et commune. Qui ne sait pas
jouir d'avance des éloges de la postérité, et desire impatiemment la gloire
du moment, doit s'abstenir de la recherche de la vérité ; elle ne s'offrira
point à ses yeux.

Importance et étendue du principe de la sensibilité physique.

Qu'est-ce qu'une science ? Un en-
chaînement de propositions qui toutes
se rapportent à un principe général
et premier. La morale est-elle une
science ? Oui, si dans la sensibilité
physique j'ai découvert le principe
unique dont tous les préceptes de
la morale soient des conséquences
nécessaires. Une preuve évidente de

la vérité de ce principe, c'est qu'il explique toutes les manieres d'ètre des hommes, qu'il dévoile les causes de leur esprit, de leur sottise, de leur haine, de leur amour, de leurs erreurs, et de leurs contradictions. Ce principe doit être d'autant plus facilement et universellement adopté, que l'existence de la sensibilité physique est un fait avoué de tous, que l'idée en est claire, la notion distincte, l'expression nette, et qu'enfin nulle erreur ne peut se mêler à la simplicité d'un tel axiôme.

La sensibilité physique semble être donnée aux hommes comme un ange tutélaire chargé de veiller sans cesse à leur conservation. Qu'ils soient heureux, voilà peut-être le seul vœu de la nature, et le seul vrai principe de la morale. Les lois sont-elles bonnes ? l'intérêt particulier ne sera jamais

destructif de l'intérêt général. Chacun
s'occupera de sa félicité, chacun sera
fortuné et juste, parceque chacun sen-
tira que son bonheur dépend de celui
de son voisin.

Dans les sociétés nombreuses où
les lois sont encore imparfaites, si le
scélérat, le fanatique et le tyran, l'ou-
blient, que la mort frappe le scélérat,
le fanatique et le tyran, et tout ennemi
du bien public!

Douleur et plaisir sont les liens par
lesquels on peut toujours unir l'intérêt
personnel à l'intérêt national. L'un et
l'autre prennent leur source dans la
sensibilité physique. Les sciences de
la morale et de la législation ne peuvent donc être que les déductions de
ce principe simple. Je puis même
ajouter que son développement s'é-
tend jusqu'aux diverses regles des
arts d'agrément, dont l'objet, comme

je. l'ai déja dit, est d'exciter en nous des sensations. Plus elles sont vives, plus l'ouvrage qui les produit paroît beau et sublime (11).

La sensibilité physique est l'homme lui-même, et le principe de tout ce qu'il est. Aussi ses connoissances n'atteignent-elles jamais au-delà de ses sens. Tout ce qui ne leur est pas soumis est inaccessible à son esprit.

A quoi se réduit la science de l'homme ? A deux sortes de connoissances.

L'une est celle des rapports que les objets ont avec lui.

L'autre est celle des rapports des objets entre eux.

Or, qu'est-ce que ces deux sortes de connoissances, sinon deux développemens divers de la sensibilité physique ?

Mes concitoyens pourront, d'après

cet ouvrage, voir mieux et plus loin
que moi. Je leur ai montré le principe
duquel ils peuvent déduire les lois
propres à faire leur bonheur. Si sa
nouveauté les étonne, et s'ils doutent
de sa vérité, qu'ils essaient de lui en
substituer un dont l'existence soit aussi
universellement reconnue, dont ils
aient une idée aussi claire, dont
ils puissent tirer un aussi grand nombre de conséquences.

Qu'on découvre quelques erreurs
dans cet ouvrage, je me rendrai toujours ce témoignage, que je n'ai pas
du moins erré dans l'intention, que
j'ai dit ce que j'ai cru vrai et utile
aux particuliers et aux nations. Quel
sera donc mon ennemi, et qui s'é-
levera contre moi? Celui-là seul qui
hait la vérité, et veut le malheur de
sa patrie.

Un homme fait un livre : ce livre

est plein de vérités ou d'erreurs. Dans le premier cas, pourquoi, sous le nom de cet auteur, persécuter la vérité elle-même? Dans le second cas, pourquoi punir dans un écrivain des erreurs à coup sûr involontaires? Quiconque n'est ni gagé ni homme de parti ne se propose que la gloire pour récompense de ses travaux. Or, la gloire est toujours attachée à la vérité. Qu'en la cherchant je tombe dans l'erreur; l'oubli où s'ensevelit mon nom et mon ouvrage est mon supplice, et le seul que je mérite.

NOTES.

(1) Pourquoi les ministres des autels sont-ils les plus redoutés des hommes? « Pourquoi, dit le proverbe espagnol, « faut-il se garer du devant de la femme, « du derriere de la mule, de la tête du « taureau, et d'un moine de tous les « côtés »? Les proverbes, presque tous fondés sur l'expérience, sont presque toujours vrais. A quoi donc attribuer la méchanceté du moine? A son éducation.

(2) A quoi se réduit la science de l'éducation? A celle des moyens de nécessiter les hommes à l'acquisition des vertus et des talents qu'on desire en eux. Est-il quelque chose d'impossible à l'éducation? Non. Un enfant de la ville craint-il les spectres? veut-on détruire en lui cette crainte? qu'on l'abandonne dans un bois dont il connoisse les routes, qu'on l'y

suive sans qu'il s'en apperçoive, qu'on le laisse revenir à la maison : dès la troisieme ou quatrieme promenade, il ne verra plus de spectres dans les bois ; il aura, par l'habitude et la nécessité, acquis tout le courage que l'un et l'autre inspire aux jeunes paysans.

(3) Supposons que les parents s'intéressassent aussi vivement qu'ils le prétendent à l'éducation de leurs enfants, ils en auroient plus de soin. Qui prendroientils pour nourrices ? Des femmes qui, déja désabusées par des gens instruits de leurs contes et de leurs maximes ridicules, sauroient en outre corriger les défauts de la plus tendre enfance. Les parents auroient attention à ce que les garçons, soignés jusqu'à six ans par les femmes, passassent de leurs mains dans des maisons d'instruction publique, où, loin de la dissipation du monde, ils resteroient jusqu'à dix-sept ou dix-huit ans, c'est-à-dire jusqu'au moment que, présentés dans le monde, ils y recevroient l'éducation

de l'homme; éducation sans contredit la plus importante, mais entièrement dépendante des sociétés que l'on cultive, des positions où l'on se trouve, enfin de la forme des gouvernements sous lesquels on vit.

(4) Si les exercices violents fortifient non seulement le corps, mais encore le tempérament, c'est peut-être qu'ils retardent dans l'homme le besoin trop prématuré de certains plaisirs. Ce ne sont point les reproches d'une mere, ni les sermons d'un curé, mais la fatigue, qui seule attiédit les desirs fougueux de l'adolescence. Plus un jeune homme transpire et dépense d'esprits animaux dans des exercices de corps et d'esprit, moins son imagination s'échauffe, moins il sent le besoin d'aimer.

(5) Il fut, dit-on, des peuples dont les biens étoient en commun. Quelques uns nous vantent cette communauté de biens. Point de peuples heureux, disent-ils, que les peuples sans propriété. Ils citent en

exemple les Scythes, les Tartares, les Spartiates. Quant aux Scythes et aux Tartares, ils conserverent toujours la propriété de leurs bestiaux. Or, c'est dans cette propriété que consistoit toute leur richesse. A l'égard des Spartiates, on sait qu'ils avoient des esclaves, que chaque famille possédoit l'une des trente-neuf mille portions de terre qui composoient le territoire de Lacédémone, ou de la Laconie. Les Spartiates avoient donc des propriétés. Quelque vertueux qu'ils fussent, l'histoire néanmoins nous apprend qu'à l'exemple des autres hommes les Lacédémoniens vouloient recueillir sans semer, et qu'ils chargeoient en conséquence les ilotes de la culture de leurs terres. Ces ilotes étoient les negres de la république; ils en mettoient le sol en valeur. De là le besoin d'esclaves, et peut-être la nécessité de la guerre.

On voit donc par la forme même du gouvernement de Lacédémone que la partie libre de ses habitants ne pouvoit être

heureuse qu'aux dépens de l'autre , et que
la prétendue communauté de biens des
Spartiates ne pouvoit , comme quelques
uns le supposent , opérer chez eux le
miracle d'une félicité universelle.

Sous le gouvernement des jésuites , les
habitants du Paraguay cultivoient les terres
en commun et de leurs propres mains.
En étoient-ils plus heureux? J'en doute.
L'indifférence avec laquelle ils apprirent
la destruction des jésuites justifie ce doute.
Ces peuples sans propriété étoient sans
énergie. et sans émulation. Mais l'espoir
de la gloire et de la considération ne pou-
voit-il pas vivifier leurs ames? Non. La
gloire et la considération sont une mon-
noie, un moyen d'acquérir des plaisirs
réels. Or, de quel plaisir en ce pays avan-
tager l'un de préférence aux autres?

Qui considere l'espece et le petit nombre des sociétés où cette communauté de
biens eut lieu soupçonne toujours que des
obstacles secrets s'opposent à la formation
comme au bonheur de pareilles sociétés.

Pour porter un jugement sain sur cette question il faudroit l'avoir profondément méditée, avoir examiné si l'existence d'une telle société est également possible dans toutes les positions, et pour cet effet l'avoir considérée,

1°. Dans une île;

2°. Dans un pays coupé par de vastes déserts, défendu par d'immenses forêts, et dont la conquête soit par cette raison également indifférente et difficile;

3°. Dans des contrées dont les habitants, errant comme les Tartares avec leurs troupeaux, peuvent toujours échapper à la poursuite de l'ennemi;

4°. Dans un pays couvert de villes, environné de nations puissantes; et voir enfin si dans cette derniere position, sans contredit la plus commune, cette société pourroit conserver le degré d'émulation, d'esprit et de courage, nécessaire pour résister à des peuples propriétaires, savants et éclairés.

Je ne m'étendrai pas davantage sur une

question dont la vérité ou la fausseté
importe d'autant moins à mon sujet, que
par-tout où la communauté des biens n'a
pas lieu la propriété doit être sacrée.

(6) Le droit de tester est-il nuisible
ou utile à la société? C'est un problème
non encore résolu. Le droit de tester,
disent les uns, est un droit de propriété
dont on ne peut légitimement dépouiller
le citoyen.   -

Tout homme, disent les autres, a sans
doute de son vivant le droit de disposer
à son gré de sa propriété; mais, lui mort,
il cesse d'être propriétaire. Le mort n'est
plus rien. Le droit de transférer son bien
à tel ou tel ne lui peut avoir été conféré
que par la loi. Or, supposons que ce droit
occasionnât une infinité de procès et de
discussions, et que, tout compensé, il
fût plus à charge qu'utile à la société,
qui peut contester à cette société le droit
de changer une loi qui lui devient nuisible?

(7) La volonté de l'homme est ambula-

toire, disent les lois; et les lois ordonnent l'indissolubilité du mariage : quelle contradiction ! Que s'ensuit-il ? Le malheur d'une infinité d'époux. Or, le malheur engendre entre eux la haine, et la haine souvent les crimes les plus atroces. Mais qui donna lieu à l'indissolubilité du mariage? La profession de laboureur qu'exercerent d'abord les premiers hommes.

Dans cet état, le besoin réciproque et journalier que les époux ont l'un de l'autre allege le joug du mariage. Tandis que le mari défriche la terre, laboure le champ, la femme nourrit la volaille, abreuve les bestiaux, tond les brebis, soigne le ménage et la basse-cour; prépare le dîner du mari, des enfants et des domestiques. Les conjoints, occupés du même objet, c'est-à-dire de l'amélioration de leurs terres, se voient peu, sont à l'abri de l'ennui, par conséquent du dégoût. Qu'on ne s'étonne donc point si le mari et la femme, toujours en action, et toujours nécessaires l'un à l'autre,

chérissent même quelquefois l'indissolubilité de leur hymen.

S'il n'en est pas de même dans les professions du sacerdoce, des armes et de la
magistrature, c'est qu'en ces diverses
professions les époux se sont moins nécessaires l'un à l'autre. En effet, de quelle
utilité la femme peut-elle être à son mari
dans les fonctions de muphti, de visir, de
cadi, etc. ? La femme alors n'est pour lui
qu'une propriété de luxe et de plaisir.
Telles sont les causes qui chez les différents peuples ont modifié d'une infinité
de manieres l'union des deux sexes. Il est
des pays où l'on a plusieurs femmes et
plusieurs concubines ; d'autres où l'on
s'épouse après deux ou trois ans de
jouissance et d'épreuves. Il est enfin des
contrées où les femmes sont en commun,
où l'union des deux époux ne s'étend pas
au-delà de la durée de leur amour. Or,
supposons que, dans l'établissement d'une
nouvelle forme de mariage, un législateur
affranchi de la tyrannie des préjugés et

de la coutume ne se proposât que le bien
public et le plus grand bonheur des
époux pour objet ; que, non content de
permettre le divorce, il cherchât et dé-
couvrît le moyen de rendre l'union con-
jugale le plus délicieuse possible ; ce
moyen trouvé, la forme des mariages de-
viendroit invariable, parceque nul n'a le
droit de substituer de moins bonnes à de
meilleures lois, de diminuer la somme
de la félicité nationale, et même de s'opposer aux plaisirs des individus, lorsque
ces plaisirs ne sont pas contraires au bonheur du plus grand nombre.

(8) Le besoin des vertus sociales peut
être senti dès l'enfance même. Veut-on
graver profondément dans sa mémoire
les principes de la justice ? je voudrois
que, dans un tribunal créé à cet effet dans
chaque college, les enfants jugeassent
eux-mêmes leurs différends ; que les sen-
tences de ce petit tribunal, portées par
appel devant les maîtres, y fussent confir-
mées ou rectifiées selon qu'elles seroient

justes ou injustes; que dans ces mêmes
colleges on apostât des hommes pour
faire aux éleves de ces especes d'injures
et d'offenses dont l'injustice, difficile à
prouver, contraignît et le plaignant de
réfléchir sur sa cause pour la bien plai-
der, et le tribunal d'enfants de réfléchir
sur cette même cause pour la bien juger.

Les éleves, forcés par ce moyen de
porter habituellement leurs regards sur
les préceptes de la justice, en acquerroient
bientôt des idées nettes. C'est par une méthode à-peu-près pareille que M. Rousseau
donne à son *Émile* les premieres notions
de la propriété. Rien de plus ingénieux
que cette méthode : cependant on la né-
glige. M. Rousseau n'eût-il fait que cette
seule découverte, je le compterois parmi
les bienfaiteurs de l'humanité, et lui
érigerois volontiers la statue qu'il demande.

On ne s'attache point assez à former le
jugement des enfants. A-t-on chargé leur
mémoire d'une infinité de petits faits? on

est content. Que s'ensuit-il ? Que l'homme est un prodige de babil dans son enfance, et de non-sens dans l'âge mûr.

Pour former le jugement d'un éleve que faut-il ? Le faire d'abord raisonner sur ce qui l'intéresse personnellement. Son esprit s'est-il étendu ? il faut le lui faire appliquer à de plus grands objets; exposer pour cet effet à ses yeux le tableau des lois et des usages des différents peuples; l'établir juge de la sagesse, de la folie de ces usages, de ces lois, et lui en faire enfin peser la perfection ou l'imperfection à la balance du plus grand bonheur et du plus grand intérêt de la république. C'est en méditant le principe de l'utilité nationale que l'enfant acquerroit des idées saines et générales de la morale; son esprit, d'ailleurs, exercé sur ces grands objets, en seroit plus propre à toute espece d'étude.

Plus l'application nous devient facile, plus les forces de notre esprit se sont accrues. On ne peut de trop bonne heure accoutumer l'enfant à la fatigue de l'attention ; et , pour lui en faire contracter l'habitude , il faut , quoi qu'en dise M. Rousseau , employer quelquefois le ressort de la crainte. Ce sont les maîtres justes et séveres qui forment en général les meilleurs éleves. L'enfant , comme l'homme , n'est mu que par l'espoir du plaisir et la crainte de la douleur. L'enfant n'est-il point encore sensible au plaisir? n'est-il point susceptible de l'amour de la gloire? est-il sans émulation? c'est la crainte du châtiment qui seule peut fixer son attention. La crainte est , dans l'éducation publique , une ressource à laquelle les maîtres sont indispensablement obligés de recourir , mais qu'ils doivent ménager avec prudence.

(9) Dans tout gouvernement où je ne puis être heureux que par le malheur des autres , je deviens méchant. Nul remede à ce mal qu'une réforme dans le gouvernement.

(10) Supposons que l'étude de la langue

latine fût aussi utile que peut-être elle l'est peu, et qu'on voulût dans le moindre temps possible en graver tous les mots dans la mémoire d'un enfant, que faire? L'entourer d'hommes qui ne parlent que latin. Si le voyageur jeté par la tempête sur une île dont il ignore la langue ne tarde pas à la parler, c'est qu'il a le besoin et la nécessité pour maîtres. Or, qu'on mette l'enfant le plus près possible de cette position, il saura plus de latin en deux ans qu'il n'en apprendroit en dix dans les colleges.

(11) Dans la poésie, pourquoi le beau de sentiment et celui des images frappent-ils plus généralement que le beau des idées? C'est que les hommes sont sensibles avant d'être spirituels; c'est qu'ils reçoivent des sensations avant de les comparer entre elles.

FIN DU TOME DOUZIEME.

TABLE SOMMAIRE.

TOME VII.

De l'homme, de ses facultés intellectuelles, et de son éducation.

INTRODUCTION.

15.

Il résulte des diverses questions traitées dans ce chapitre et les précédents, qu'en supposant dans tous les hommes une égale aptitude à l'esprit, la seule différence de leur éducation en produiroit nécessairement une grande dans leurs idées et leurs talents.

D'où je conclus que l'inégalité actuelle apperçue entre tous les esprits ne peut être regardée, dans les hommes communément bien organisés, comme une preuve démonstrative de leur inégale aptitude à en avoir.

SECTION II.

Tous les hommes communément bien organisés ont une égale aptitude à l'esprit.

TOME VIII.

quelques uns regardée comme l'effet d'une certaine organisation, et par conséquent comme un pur don de la nature.

SECTION IV.

Les hommes communément bien organisés sont tous susceptibles du même degré de passion; que leur force inégale est toujours l'effet de la différence des positions où le hasard nous place; que le caractere original de chaque homme, comme l'observe Pascal, n'est que le produit de ses premieres habitudes.

16.

Qu'ils sont l'effet d'un changement dans leur position, leur intérêt, et dans les idées qu'en conséquence leur suggere le sentiment de l'amour d'eux-mêmes.

Que ce sentiment, effet nécessaire de la sensibilité physique, est commun à tous les hommes; qu'il allume en tous le desir du pouvoir.

Que ce desir, comme je le montre dans les chapitres suivants, y engendre l'envie, l'amour des richesses, des honneurs, de la gloire, de la considération, de la justice, de la vertu, de l'intolérance, enfin toutes les passions factices, dont l'existence suppose celle des sociétés.

Que ces diverses passions, propres à mettre en action l'égale aptitude que tous les hommes ont à l'esprit, ne sont réellement en eux que le desir du pouvoir déguisé sous des noms différents.￢

TOME IX.

Qu'on peut, d'après ce que j'ai dit, tirer cette conclusion; c'est que toutes les passions factices ne sont proprement en nous que l'amour du pouvoir déguisé sous des noms différents , et que cet amour de la puissancé n'est lui-même qu'un pur effet de la sensibilité physique.

TOME X.

SECTION VI.

Des maux produits par l'ignorance. Que l'ignorance n'est point destructive de la mol-

lesse ; qu'elle n'assure point la fidélité des sujets ; qu'elle juge sans examen les questions les plus importantes. Celles du luxe citées en exemples. Des malheurs où ces jugements peuvent quelquefois précipiter une nation. Du mépris et de la haine qu'on doit aux protecteurs de l'ignorance.

SECTION VII.

Les vertus et le bonheur d'un peuple sont l'effet, non de la sainteté de sa religion, mais de la sagesse de ses lois.

Que plus de conséquence dans les esprits la rendroit plus nuisible.

Que les principes spéculatifs ont heureusement peu d'influence sur la conduite des hommes; qu'ils la reglent sur les lois, et non sur leur croyance.

Que le gouvernement des jesuites en est une preuve.

Des moyens qu'il leur fournit de faire trembler les rois; et d'exécuter les plus grands attentats.

Quelle secte on pouvoit leur opposer.

Qu'on doit aux jésuites la connoissance de ce que peut la législation.

Que, pour la créer parfaite, il faut, ou, comme

SECTION VIII.

De ce qui constitue le bonheur des individus; de la base sur laquelle on doit édifier la félicité nationale, nécessairement composée de toutes les félicités particulieres.

Que la solution de cette question suppose la connoissance des occupations différentes dans lesquelles les hommes consomment les diverses parties de la journée.

SECTION IX.

De la possibilité d'indiquer un bon plan de législation.

Des obstacles que l'ignorance met à sa publication.

Que les récompenses accordées aux talents et aux vertus, fût-ce un luxe de plaisir, ne corrompront jamais les mœurs.

Que tout plaisir décerné par la reconnoissance publique fait chérir la vertu, fait respecter les lois, dont le renversement, comme quelques uns le prétendent, n'est point l'effet de l'inconstance de l'esprit humain.

TOME XII.

rer le bonheur et la tranquillité des peuples, dont le caractere est susceptible de toutes les formes que lui donnent les lois, le gouvernement, et sur-tout l'éducation publique.

SECTION X.

De la puissance de l'instruction; des moyens de la perfectionner; des obstacles qui s'opposent aux progrès de cette science; de la facilité avec laquelle, ces obstacles levés, on traceroit un bon plan d'éducation.

Fin de la table sommaire.